D1722700

Mind Change Leadership®

Mentale Hürden überwinden und

das volle Potenzial entfalten

Sabine Oberhardt

IMPRESSUM

© 2024 Sabine Oberhardt — Sabine Oberhardt GmbH & Co. KG
www.revolu-verlag.de

Mind Change Leadership® — eingetragene Marke seit 12.11.2023
Mind Change Profiler® — eingetragene Marke seit 29.01.2023
Mind Change Profiling® — eingetragene Marke seit 05.06.2023
Diese Marken sind für Sabine Oberhardt geschützt.

Autorin: Sabine Oberhardt
Lektorat, Korrektorat: Katrin Weber
Gestaltung: MEDIENKAMMER Magdalena Jundt
Fotos: Orhidea Briegel, Orhideal IMAGE Int.
Druck: Amazon Digital Germany GmbH
Erstauflage: September 2024
ISBN: 978-3-9826536-1-7

Die Deutsche Nationalbibliothek verzeichnet diese Publikation in der Deutschen Nationalbibliografie; detaillierte bibliografische Daten sind im Internet über http://dnb.d-nb.de abrufbar.

GENDER-HINWEIS:

Zur besseren Lesbarkeit wird in diesem Buch das generische Maskulinum verwendet. Die verwendeten Personenbezeichnungen beziehen sich, sofern nicht anders kenntlich gemacht, auf alle Geschlechter. Auch wenn in dem Buch authentische Beispiele aus der Praxis der Autorin gemacht werden, haben diese zwar einen realen Hintergrund, beziehen sich jedoch explizit nicht auf einzelne Persönlichkeiten. Hierzu wird auf die grundgesetzliche Kunstfreiheit der Autorin verwiesen.

3. Januar 2025

Für alle, die die Welt bewegen
und ihre Träume leben wollen.

Für Oliver Kern,

mit den besten Wünschen
für maximale Erfolge!
Herzlichst

Inhalt

Vorworte

 Vorwort Prof. Dr. Rudolf Irmscher

Warum reagieren Menschen in manchen Situationen so emotional? Wie kommt es immer wieder zu diesen Irrationalitäten, zu diesen Ausbrüchen und Entgleisungen, die das Klima in den Unternehmen so sehr belasten können?
Als Naturwissenschaftler stehen für mich Sachlichkeit und Struktur im Vordergrund. Im Führungsalltag habe ich aber sehr schnell realisiert, dass irrationales Verhalten nicht nur die Leistungsfähigkeit ganzer Abteilungen beeinträchtigen kann, sondern auch die davon betroffenen Menschen selbst unter Druck setzt. Dies bis hin zu psychischen Erkrankungen.

Um die tieferen Gründe hinter den Verhaltensweisen der Chefs, Mitarbeiter und Kollegen zu verstehen, lohnt sich ein Blick auf die Erkenntnisse der Hirnforscher: Die meisten Entscheidungen werden nicht im vernünftigen präfrontalen Kortex, sondern im entwicklungsgeschichtlich weit älteren limbischen System getroffen.
Wir glauben zwar, rational zu handeln, doch fast immer irren wir uns: Tatsächlich werden selbst wichtige Entscheidungen oft intuitiv getroffen und erst im Nachhinein rational begründet und abgesichert.

Das Verhalten eines Menschen – und damit auch eines Vorgesetzten, Kollegen oder Mitarbeiters – wird in hohem Maße durch Prägungen bestimmt, die im limbischen System gespeichert sind. Es handelt sich hier um Muster, die schon sehr früh entstanden sind. Bereits in der Kindheit und in den ersten Jugendjahren übernehmen wir von unseren Eltern und anderen uns nahestehenden Menschen

Verhaltensweisen, Lösungen, Haltungen und Überzeugungen, die von da an tief im Gehirn verankert sind. Die grundlegenden Verhaltensmuster, so weiß die Hirnforschung, bilden sich vor allem bis zum sechsten Lebensjahr.

Natürlich haben wir in diesen ersten Lebensjahren eine Reihe sinnvoller Eigenschaften mit auf den Weg bekommen. Dazu zählen zum Beispiel Kompromissbereitschaft, Nachsicht und Verzeihen oder Disziplin und Ordnung. Es werden aber auch Muster geprägt, die sich im späteren Leben als hinderlich erweisen – wie etwa ein autoritäres Einstellungsmuster, das bei Führungskräften oft zu beobachten ist.

Vereinfacht kann man sich den Entstehungsprozess so vorstellen: Kinder sind schutzbedürftig und brauchen Geborgenheit. Sie suchen diesen Schutz bei ihren Eltern, von denen sie abhängig sind und für die sie deshalb alles tun, um von ihnen geliebt zu werden. Wenn der Vater blinden Gehorsam verlangt, folgen sie ihm also in blindem Gehorsam. Das Muster „Ich werde nur dann geliebt, wenn ich exakt das tue, was der Vater sagt." prägt sich tief ein. Es bleibt erhalten, wird später selbst übernommen und taucht in unterschiedlichen Situationen wieder auf, zum Beispiel in der Erziehung der eigenen Kinder oder gegenüber den Mitarbeitern im Unternehmen.

Da diese Muster im limbischen System verankert sind, lassen sie sich nur schwer steuern. Vielen Menschen ist es nicht einmal bewusst, dass sie in bestimmten Situationen nicht rational handeln, sondern einem Kindheitsmuster das Feld überlassen.
Tatsächlich braucht es ein hohes Maß an Achtsamkeit um zu erkennen, wenn im Alltag eine solche Denkweise „hochkommt", und es erfordert viel Reflexion und Übung, um mit ihr bewusst umzugehen und sie in einer Stresssituation in Schach zu halten. So kommt es, dass unerwünschte Muster im Unternehmensalltag bei allen möglichen Anlässen durchschlagen.

Sabine Oberhardt zeigt auf anschauliche Weise was passiert, wenn wir von diesen unterbewussten Limitierungen gesteuert werden und welche Auswirkungen das auf uns selbst, unser Umfeld und das Unternehmen hat.

Besonders beeindruckt hat mich, wie sie dabei den Bezug zu den psychologischen Grundbedürfnissen herstellt.

Doch geht die Autorin weit über die Identifizierung von Limitierungen hinaus: Durch die lebendige Darstellung der Methoden und Erfahrungen motiviert sie zur Selbstreflexion. In sieben Etappen zeigt sie, wie wir hinderliche Muster durch neue, förderliche Überzeugungen ersetzen und so mehr Souveränität im Führungsalltag gewinnen.

„Mind Change Leadership" ist nicht nur ein Buch, das Zusammenhänge erklärt. Es ist zugleich ein Aufruf zum Handeln, eine Einladung, Limitierungen zu erkennen und aufzulösen, die eigenen Potenziale zu entfalten und sich auf das zu konzentrieren, was wirklich zählt.

Starten Sie jetzt und erleben Sie, wie sich Ihr Leben verändert!

Prof. Dr. Rudolf Irmscher
Geschäftsführer der Stadtwerke Heidelberg, Honorarprofessor
SRH Hochschule Heidelberg

⌗ Vorwort Sabine Oberhardt

Mit diesem Buch möchte ich Sie ermutigen, sich auf eine Reise zu begeben, die Ihnen in 7 Etappen den Weg zu einem erfüllten und glücklichen Leben ebnet.

Immer wieder kristallisierte sich in meiner täglichen Beratungsarbeit heraus, dass Führungskräfte nicht an ihren Aufgaben scheitern, sondern oftmals an sich selbst.

Mentale Limitierungen der Führungspersönlichkeiten sind häufig die Ursachen ernsthafter Probleme im Unternehmensalltag. Diese Begrenzungen haben ihren Ursprung überwiegend in Prägungen sowie Erfahrungen aus der Kindheit und Jugend. Sie begleiten durch das ganze Leben und können zu ernsthaften Beeinträchtigungen führen.

In den einzelnen Etappen lernen Sie Ihre Limitierungen und deren Ursachen kennen, werden sich Ihrer wichtigsten psychologischer Grundbedürfnisse bewusst und erarbeiten Strategien, um förderliche Überzeugungen zu entwickeln.

Durch weitere Schritte werden diese neuen Überzeugen fest in der Gedankenwelt verankert und überschreiben somit die hinderlichen Limitierungen.

Am Ziel Ihrer Reise angekommen, verfügen Sie über ein Mindset, welches Ihnen mehr Selbstbestimmung, Kreativität, emotionale Intelligenz und weitere entscheidende Zukunftskompetenzen ermöglicht.

„Mind Change Leadership®" ist der Schlüssel zur Entfaltung Ihres vollen Potenzials. Basierend auf wegweisenden Erkenntnissen aus Neurowissenschaft und Psychologie beschreibt mein Buch wertvolle Ansätze zur Lösung täglicher Herausforderungen.

Meine Vision ist es, eine „Gedanken(r)evolution®" in der Unternehmenswelt herbeizuführen - eine Transformation, in der Führungskräfte frei von Limitierungen sind und somit ihr volles Potenzial ausschöpfen. Dies wiederum versetzt sie in die Lage ebenso die limitierten Fähigkeiten ihrer Mitarbeitenden zu erkennen, freizusetzen und somit den Unternehmenserfolg mitzugestalten.

Ich lade Sie ein, Teil dieser innovativen Dynamik zu werden, Ihre eigene Persönlichkeit zu formen und den Mitmenschen in Ihrem Umfeld das Gleiche zu ermöglichen. Damit fördern Sie das Unternehmenswachstum und jeder, der den Prozess „Mind Change Leadership®" in die Unternehmenswelt trägt, unterstützt eine erfüllte und ganzheitliche Lebensgestaltung.

Suchen Sie noch oder gestalten Sie schon?

Sie können Ihr Denken lenken und Ihr Selbstentwicklungs-Potenzial in kurzer Zeit vervielfältigen.

Voraussetzung zum Kennenlernen Ihres derzeitigen „Stands" ist, dass Sie am besten jetzt – noch bevor Sie dieses Buch lesen – einen Kurz-Test mit 11 Fragen bearbeiten.

Auf Basis Ihrer Antworten erhalten Sie eine Auswertung und somit einen spannenden Einblick in Ihr Denkverhalten. Sie werden herausfinden, ob Sie eher rational, emotional oder visionär denken.

Wenn Sie das Buch zu Ende gelesen haben, ist es empfehlenswert den Test zu wiederholen und eventuelle Veränderungen in der Denkweise zu erkennen.

Zum Test gelangen Sie über den nachstehenden QR-Code.

1. Ausgangslage

1.1 Limitierungen – die tickende Zeitbombe

„Sie wissen schon, dass Sie lediglich deshalb hier sind, weil ein geschätztes Aufsichtsratsmitglied Sie empfohlen hat? Normalerweise benötige ich keine Berater oder Coaches."

Mit diesen Worten begrüßte mich Alex, der Vorstandsvorsitzende eines erfolgreichen mittelständischen Unternehmens, als er pünktlich um 10.59 Uhr im Konferenzraum erschien. Ein großer, stattlicher Mann mit gebräunter Haut, sportlich und dynamisch. „Ich habe für Sie 60 Minuten eingeplant", fuhr er fort, „dann werden wir sehen, ob Sie nur gute Ratschläge geben oder tatsächlich Lösungen anbieten."

„Ich schätze Ihre Direktheit und bin erfreut darüber, dass Sie mich empfangen", erwiderte ich. „Jetzt bin ich doch sehr neugierig, von Ihnen zu hören, weshalb Sie über Ihren Schatten springen und welche Erwartungen Sie an mich haben."

Er schien einen Moment nachzudenken, bevor er antwortete: „Ja, das stimmt, ich springe über meinen Schatten, das war mir vorher so nicht bewusst. Tatsächlich ist es für mich ein Schritt aus meiner Komfortzone heraus, mich einem fremden Menschen anzuvertrauen, nur weil er mir empfohlen wurde. Vor allem, da es um einen Fehler geht, den ich bereits zweimal begangen habe."

Ich nickte anerkennend: „Es gehört innere Bereitschaft und Vertrauen dazu, sofort in den ersten drei Minuten so offen zu sein. Jetzt bin ich gespannt zu hören, was Sie so sehr beschäftigt und wofür Sie meine Unterstützung benötigen."

Die Vorgeschichte:

Etwa 18 Monate zuvor suchte das Unternehmen einen Geschäftsführer für den technischen Bereich. Die Human Resources (HR) - Abteilung präsentierte dem Vorstandsvorsitzenden verschiedene Bewerber für diese Position. Seine Wahl fiel auf eine promovierte Führungspersönlichkeit mit beeindruckendem Lebenslauf und hervorragenden Referenzen.

Doch schon sechs Wochen nach der Einstellung stiegen die krankheitsbedingten Ausfälle im Verantwortungsbereich des neuen Geschäftsführers.
„Zwei geschätzte Abteilungsleiter suchten den direkten Kontakt zu mir und meinten, dass dieser Geschäftsführer sicherlich fachliche Kompetenzen habe, aber mit Menschen nicht umgehen könne", berichtete Alex.

Eine daraufhin durchgeführte Mitarbeiterbefragung bestätigte diese Einschätzung.

„Wir haben natürlich mit ihm gesprochen", fuhr Alex fort, „doch anstatt Einsicht zu zeigen, verteidigte er seinen transaktionalen und sehr autoritären Führungsstil, welcher auf Leistungsergebnissen, Belohnungen und Bestrafungen basiert. Er bezog die Mitarbeitenden in Entscheidungen nicht ein und beharrte auf seiner Meinung. Letztendlich mussten wir uns von ihm trennen. Die Auswirkungen seines kurzen Aufenthalts waren verheerend, denn die betreffenden Bereiche waren wie gelähmt."

Bei der erneuten Suche nach einem Geschäftsführer legte Alex einen noch höheren Wert auf perfekte Vita und Referenzen. Ein Kandidat schien perfekt zu passen, jedoch tauchten die ersten Probleme recht bald auf.

„Schon wenige Tage nach der Einstellung erschienen erneut die beiden Abteilungsleiter und vertrauten mir an, dass mit diesem Herrn etwas nicht stimme. Er rede viel, ziehe sich unvermittelt für längere Zeit in sein Büro zurück und erinnere sich am nächsten Tag nicht mehr an das, was vereinbart wurde", berichtete Alex weiter.

Der Eindruck bestätigte sich in den folgenden Monaten. Der neue Geschäftsführer erwies sich als launisch und vergesslich. Während er gegenüber seinen Mitarbeitenden extrem fordernd auftrat, reagierte er auf Feedback empfindlich und nachtragend. Nach heftigem Konflikt mit einem Teamleiter war er plötzlich vier Wochen krank.

„Um es kurz zu machen", fuhr Alex fort, „es blieb mir nichts anderes übrig, als mich auch von diesem Geschäftsführer zu trennen."

„Zwei Mal derselbe Fehler, das ist mir noch nie passiert. Ich habe mich gefragt, ob ich überhaupt noch in der Lage bin, gute Entscheidungen zu treffen", gestand er. „Und jetzt sind Sie hier, um mich zu beraten. Der nächste Geschäftsführer muss einfach passen."

Mit diesen Worten lehnte er sich zurück und sah mich erwartungsvoll an.

Die fatale Wirkung persönlicher Limitierungen

Die Erzählung des Vorstandsvorsitzenden Alex stellte mich vor zwei Herausforderungen.

Zum einen ging es um die Neubesetzung der Geschäftsführerposition, zum anderen darum, das Vertrauen in seine Urteilsfähigkeit zurückzugewinnen. Hierzu gehörte weiterhin, seine Glaubwürdigkeit gegenüber den Führungskräften und Mitarbeitenden zu verbessern sowie letztlich die Zukunftsfähigkeit des Unternehmens zu gewährleisten. Alex musste jetzt sowohl die richtige Person für die Geschäftsführerposition finden als auch einen Weg, seine Selbstzweifel zu überwinden und das Unternehmen wieder mit Selbstvertrauen und Klarheit zu führen.

Den Ursachen auf der Spur

Eine Frage, die sich schon ganz allgemein stellt: Woran liegt es, dass wir Potenziale oft nicht ausschöpfen, uns in kritischen Momenten falsch verhalten und Chancen unnötigerweise vergeben?

Die Antwort, die uns durch dieses Buch begleiten wird, lautet: Verantwortlich dafür sind Limitierungen.

Limitierungen entstehen aus frühkindlichen Prägungen, späteren Erfahrungen und daraus resultierenden unterbewussten Glaubenssätzen, in deren Folge sich innere hinderliche Denkmuster und Verhaltensweisen festigen.

Sie werden weiterhin wesentlich beeinflusst durch die Erfüllung oder Nichterfüllung der fünf psychologischen Grundbedürfnisse: Autonomie, Zugehörigkeit, Selbstwert, Orientierung/Kontrolle und Lust/Freude.

Somit wirken sich Limitierungen im höchsten Maße auf das Denken, Fühlen und Handeln im Privat- und Berufsleben aus.

„Das klingt nach einem tiefgreifenden Problem", meinte Alex. „Lässt sich so das uneinsichtige Verhalten der beiden Geschäftsführer erklären?"

„Durchaus", entgegnete ich. „Solche Limitierungen können unvorhersehbare emotionale Reaktionen hervorrufen. Beispielsweise äußert ein Mitarbeitender sachliche Kritik und trifft damit eine empfindliche Schwachstelle seines Vorgesetzten, was wiederum einen heftigen emotionalen Ausbruch zur Folge haben kann. Das erschwert die Teamarbeit erheblich und gefährdet die Karriere dieser Führungskraft."

„Viele unserer tief verwurzelten Gefühle und Reaktionen haben ihren Ursprung in der Kindheit", führte ich weiter aus. "In dieser Lebensphase sind Grundbedürfnisse wie Zugehörigkeit und Autonomie von zentraler Bedeutung. Wenn ein Kind beispielsweise das Gefühl vermittelt bekommt, dass es nur dann Anerkennung und Liebe erhält, sobald es bestimmten Erwartungen entspricht, kann dies zu inneren Zweifeln führen. Solche tiefgreifenden Erfahrungen hinterlassen weitreichende Spuren in unserem Gedächtnis." Ich ergänzte: „Selbst, wenn wir uns im Erwachsenenalter nicht explizit daran erinnern, können diese Erfahrungen dennoch unser Verhalten beeinflussen. Ein scheinbar harmloser Kommentar eines Mitarbeitenden kann dann tiefsitzende Gefühle von Unzulänglichkeit, Scham oder Frust hervorrufen und somit zu einer übermäßigen Reaktion führen."

Einen Moment lang schwieg Alex, bevor er feststellte: „Diese Limitierungen stellen eine ernsthafte Gefahr für das Unternehmen dar, denn sie sind nicht nur bei den Führungskräften, sondern auch bei den Mitarbeitenden vorhanden!"

Schmerzliche Erfahrungen

Gibt es möglicherweise einen direkten Zusammenhang zwischen Limitierungen und den Fehlentscheidungen in Bezug auf die Bewerberauswahl durch den Vorstandsvorsitzenden Alex? Wird auch sein Verhalten von Limitierungen gesteuert? Die Fragen standen nun spürbar im Raum.

Behutsam näherte ich mich dem Thema, indem ich seine Abneigung gegenüber Beratern ansprach. Das bisherige Gespräch und die dabei mir entgegengebrachte Offenheit hatten ihn offensichtlich enorme Überwindung gekostet. Es bedurfte eines hohen Leidensdrucks und zudem der vertrauensvollen Empfehlung durch jenes Aufsichtsratsmitglied, um bereit zu sein, das selbst aufgebaute Schutzschild vorerst abzulegen.

„Vielleicht haben Sie in der Vergangenheit negative Erfahrungen gemacht, die Sie so geprägt haben, dass Sie eine Art ‚Beraterallergie‘ entwickelt haben?", vermutete ich und traf damit ins Schwarze.

Nun entstand ein äußerst aufschlussreicher Dialog: „Das stimmt", nickte er beipflichtend, „vor vielen Jahren habe ich eine Paartherapie gemacht und der Psychologe war, meiner Meinung nach, nicht neutral. Das hat die Beziehung in der Folge noch verschlimmert. Die Auseinandersetzungen sind eskaliert und wir haben uns schließlich getrennt. Bis heute sprechen wir kein Wort mehr miteinander. Kann so eine Erfahrung wirklich derart prägend sein?"

„Das ist durchaus möglich. Wenn Sie jetzt an diese Zeit zurückdenken, welche Emotionen kochen hoch?"

„Ich fühle mich, als wäre ich gerade aus dem Gerichtssaal gekommen. Ich bin wütend und frustriert."

„Wie lange hat der Scheidungskonflikt gedauert?"

„Über zwei Jahre. Es war eine furchtbare Zeit, der reinste Rosenkrieg. Besonders bereue ich, zu dieser Therapie gegangen zu sein. Da kamen reihenweise Vorwürfe auf, die mich schwer getroffen haben – so nach dem Motto: ‚Du bist schuld und du musst dich ändern' oder ‚Ich leide unter dir, du bist ein Egoist' und noch vieles andere."

„Derartige Erlebnisse hinterlassen in uns tiefe Spuren. Verletzende Aussagen wirken besonders auf nicht ausreichend gefestigte Persönlichkeiten und rufen dadurch Limitierungen hervor. Je schmerzhafter die Aussagen empfunden wurden, desto stärker sind daraus folgende Limitierungen in unserem Gehirn gespeichert. Das Fatale dabei ist, dass uns diese oft gar nicht bewusst sind, jedoch in bestimmten Situationen getriggert werden können. Das Gehirn hinterfragt solche Erlebnisse nicht, sondern reagiert sofort mit den immer gleichen Impulsen oder den vertrauten Lösungsansätzen. Ihre bewusste Entscheidung: ‚Ich gehe nie mehr zu einem Paartherapeuten' haben Sie somit auf sämtliche Berater übertragen."

„Moment mal – also, wenn ich das richtig verstehe, kann eine heftige emotionale Erfahrung meine Denkweise und mein Handeln so beeinflussen, dass ich vielleicht sogar falsche Entscheidungen treffe?"

„Genau, und das ist noch nicht alles. Sie könnten auch Schwierigkeiten mit Menschen bekommen, die ähnliche Gefühle in Ihnen auslösen. Unser Gehirn ist bestrebt, Energie zu sparen und analysiert deshalb scheinbar Wiederkehrendes nicht gründlich. Somit steht für zukünftig zu erwartende Stressmomente ein höheres Energielevel zur Verfügung."

„Also, präsentiert mir mein Gehirn immer wieder dieselben Lösungsansätze, weil es bequem ist – quasi als Energiesparmaßnahme. Das erklärt, warum ich manchmal in ähnlichen Situationen immer wieder gleich reagiere. Im Nachhinein ärgere ich mich dann und das regt mich auf!"

„Grund für die Aufregung ist das Grundbedürfnis nach Autonomie. Sie wollen gestalten und die Entscheidungen selbst treffen. Und jetzt wird Ihnen klar, dass es Dinge gibt, die vom Unterbewussten gesteuert werden und Sie Entscheidungen treffen, die so nicht gewollt sind."

„Stimmt, das nervt. Manchmal fühlt es sich sogar so an, als ob da etwas in mir ist, was die Kontrolle übernimmt. Und dann mache ich Dinge, die ich später bereue."

Alex wurde bewusst, wie stark sich Limitierungen auswirken können und hinterfragte sich selbst. Was es denn genau sei, was ihn Zeit und Nerven kostet, zu negativen Stimmungen führt und sogar einige Mitarbeitende veranlasst hat, innerlich zu kündigen. Zudem wurde ihm klar, dass Limitierungen sein eigenes Image gefährden und letztendlich das Unternehmensergebnis negativ beeinflussen.

Die letzte Chance des Vorstandsvorsitzenden Alex

Alex machte im Falle der beiden gekündigten Geschäftsführer die Erfahrung, dass sie, wie viele andere Menschen, dazu neigen, die Verantwortung für ihre Handlungen und Fehler auf andere zu schieben und dies, anstatt an eigenen Limitierungen zu arbeiten und sich persönlich weiterzuentwickeln.

Häufig setzen Führungskräfte sich scheinbar wichtige Ziele, die sie von den wirklich relevanten Themen ablenken. Sie reagieren lediglich auf die ständig wechselnden Außeneinflüsse, fühlen sich getrieben und verharren im Funktionsmodus, statt sich auf die Bedürfnisse der Kunden sowie Mitarbeitenden zu konzentrieren und aktiv Innovationen voranzutreiben.

Währenddessen bleiben ihre eigenen psychologischen Grundbedürfnisse unerfüllt, was letztendlich den Unternehmenserfolg beeinträchtigt. Die negativen Auswirkungen dieser nicht oder nur unzureichend erfüllten Bedürfnisse zeigen sich jedoch oft erst nach mehreren Jahren. Typische Indikatoren dafür sind hohe Fluktuation, allgemeine Mitarbeiterunzufriedenheit, interne Unstimmigkeiten und eine erhöhte Krankheitsrate.

„Wissen Sie, ich sehe mich selbst als Zahlenmensch", resümierte Alex. „Doch unsere Diskussion hat mir klargemacht, wie essenziell es ist, sich intensiv mit seiner eigenen Persönlichkeit auseinanderzusetzen. Wer mit sich im Reinen ist, geht somit wertschätzender mit anderen um. Dies führt sicherlich zu weniger Konflikten und Stress, was wiederum die allgemeine Zufriedenheit im Unternehmen erhöht. Das wird sich am Ende auch in den Bilanzen ausdrücken."

Nach einer kurzen Pause blickte er mich an: „Sie haben mich überzeugt. Ich halte es für wichtig, dass Sie jetzt mit den Bewerbern für den Geschäftsführerposten Ihr spezielles Auswahlverfahren des Mind Change Profiling durchführen und dabei die individuellen Limitierungen thematisieren. Und sobald wir den passenden Kandidaten gefunden haben, wünsche ich mir ein solches Profiling ebenso für mich. Offensichtlich brauche auch ich als Führungskraft dieses Umdenken, wenn ich in Zukunft bestimmte Reaktionsweisen vermeiden will. Somit ist klar, Sie erhalten den Auftrag. Und wir erweitern ihn gleich: Letztendlich möchte ich selbst mehr darüber erfahren, um hier im Unternehmen noch mehr zu bewegen."

So sprang mein Gesprächspartner über seinen Schatten, überwand offenbar seine Skepsis gegenüber Beratern und erteilte mir den Auftrag. Die vordringliche Aufgabe lag nun darin, den richtigen Kandidaten für die Position des Geschäftsführers auszuwählen.

Anforderungen jenseits des Fachlichen

„Erfolgreiche und zukunftsorientierte Führungskräfte wissen, dass in der heutigen, von unbekannten Außeneinflüssen geprägten, Welt eine gefestigte Persönlichkeit unerlässlich für den Unternehmenserfolg ist.
Daher ist es von erheblicher Bedeutung, sich sowohl der eigenen als auch der Grundbedürfnisse der Mitarbeitenden bewusst zu sein. Nur so ist es möglich, deren Erfüllung in dem Maße anzustreben, dass jeder in der Lage ist, seine versteckten Talente und Fähigkeiten einzusetzen. Dies spiegelt sich letztendlich in einer positiven Unternehmenskultur wider und hat somit einen direkten Einfluss auf den Unternehmenserfolg."

„Genau das ist es, was ich für erstrebenswert halte", überlegte Alex. „Führungskräfte sollten es schaffen, dass die Mitarbeitenden von sich aus Verantwortung übernehmen, Eigeninitiative zeigen,

Entscheidungen treffen und Freude an ihrer Arbeit haben. Ich wünsche mir Wertschätzung und gegenseitigen Respekt, insbesondere in Konfliktsituationen. Die Teams sollen in der Lage sein, Konflikte selbst zu lösen. Das ist wesentlich effektiver, denn nur die unmittelbar Betroffenen können Ursache und Wirkung ergründen und somit schneller und gemeinsam zum gewünschten Ziel kommen. Dies wiederum stärkt den Zusammenhalt innerhalb der Teams. Ebenfalls muss die Kultur im Umgang mit Fehlern verbessert werden. Nur die Ansprache derer - ohne persönliche Befindlichkeiten und negative Wertungen - hilft allen weiter und gewährleistet, dass sie offen angesprochen und kurzfristig behoben werden. Auf keinen Fall halte ich solche passiven, sogenannten Opfertypen, die nur jammern und keine Verantwortung übernehmen, in unserem Unternehmen für akzeptabel", betonte Alex bestimmt.

„Sie sprechen mir aus der Seele, das haben Sie wunderbar formuliert", ergänzte ich. „Lassen Sie uns nun die gewünschten Eigenschaften und Kompetenzen des zukünftigen Geschäftsführers festhalten."

Gemeinsam stellten wir folgende Anforderungsliste zusammen:

Resilienz – die innere Widerstandsfähigkeit und mentale Stärke, Rückschläge souverän zu verarbeiten und aus ihnen Chancen zu gestalten

Ergebnisorientierung – die Fokussierung auf Ergebnisse und das Ermöglichen von Freiräumen für seine Mitarbeitenden, damit auch sie die gesteckten Ziele erreichen

Entscheidungsfreude – der Mut, Entscheidungen zu treffen, ebenfalls seine Mitarbeitenden hierzu zu befähigen und die Verantwortung für die Entscheidungen zu übernehmen

AUSGANGSLAGE

Selbstreflexion – das Vermögen, sich selbst zu hinterfragen und sich permanent positiv zu verändern, indem neue Verhaltens- und Denkweisen aktiv trainiert werden

Kreativität – die Fähigkeit und die Freude daran, Neues zu erschaffen und zu erfahren (Innovationskraft und Neugierde)

Lernagilität – das Potenzial, aus Erfahrungen zu lernen, Verbesserungsvarianten zu erkennen sowie diese unmittelbar und eigeninitiativ umzusetzen

Zukunftsorientierung – das Verfügen über eine dynamische, optimistische Grundhaltung sowie die Visionskraft, motivierende und inspirierende Bilder aufzubauen

Leistungsbereitschaft – der Wille, sich vollumfänglich mit allen zur Verfügung stehenden Möglichkeiten in den Dienst einer Sache zu stellen

Kommunikationsstärke – das klare, transparente und wertschätzende Kommunizieren unter stetiger Berücksichtigung der individuellen Persönlichkeit des Gegenübers

Emotionale Intelligenz – die Fähigkeit zu Empathie, Vertrauensaufbau und somit zur Schaffung eines Gefühls der Zusammengehörigkeit

Führungskompetenz – die Befähigung, Mitarbeitende zu fordern und fördern sowie Aufgaben so zu delegieren, dass sie den jeweiligen Stärken der Durchführenden entsprechen

Digitale Schlüsselkompetenzen – die Fähigkeit und der Wille, sich in der digitalisierten Welt zu orientieren und diese aktiv zu nutzen

Stetige globale Wandlungen und dadurch resultierende neue Anforderungen an Führungskräfte erfordern, dass sie in der Lage sind, Themen aktiv anzugehen und Innovationen voranzutreiben. Dazu ist die grundsätzliche Bereitschaft erforderlich für Veränderungen bereit zu sein und an sich selbst zu arbeiten.

Dies wiederum erfordert ein neues Bewusstsein und flexible Verhaltensweisen, die die persönliche Entwicklung fördern. Nur so wird es möglich sein, auf Veränderungen nicht nur zu reagieren, sondern auch unter Druck vorausschauend zu handeln und die richtigen Entscheidungen für das Unternehmen und die Mitarbeitenden zu treffen.

Worauf kam es also im Falle der Geschäftsführer-Position neben der fachlichen Kompetenz noch an? Wir fassten diese zusätzlichen Anforderungen an den idealen Geschäftsführer so zusammen:

- Dieser zeichnet sich durch ein tiefes Vertrauen in sich selbst und in andere aus. Dieses Vertrauen befähigt ihn, das grundlegende *Bedürfnis nach Zugehörigkeit und Bindung* zu erfüllen, indem er Beziehungen aufbaut und aufrechterhält

- Er handelt stets klar und transparent, um das *Bedürfnis nach Kontrolle und Orientierung* in schwierigen Zeiten zu erfüllen. Durch diese Klarheit gibt er seinem Team die notwendige Sicherheit

- Seine Kommunikation ist geprägt von Wertschätzung und er sorgt dafür, dass er immer auf Augenhöhe mit seinen Mitarbeitenden ist, um deren *Bedürfnis nach Selbstwert* zu erfüllen

- Er ist in der Lage, Verantwortung abzugeben und seinen Mitarbeitenden Freiräume zu lassen. Diese stärken das *Bedürfnis nach Autonomie* seiner Teammitglieder und ermöglichen es ihnen, ihr Potenzial voll auszuschöpfen

- Nicht zuletzt zeichnet ihn eine optimistische Grundhaltung aus. Er besitzt die Fähigkeit, auch in schwierigen Situationen Positives zu erkennen und zu vermitteln. Diese, das *Bedürfnis nach Lust und Freude* unterstützende, Einstellung wirkt sich motivierend auf sein Team aus und hilft, Herausforderungen zu meistern und eine inspirierende Atmosphäre zu schaffen.

„Bei Erfüllung dieser Punkte ist ihr zukünftiger Geschäftsführer eine gefestigte Führungspersönlichkeit, die über die nötigen Eigenschaften verfügt, erfolgreich zu führen und sein Team zu inspirieren", kommentierte ich. „Er strebt danach, seine eigenen hinderlichen Überzeugungen zu überwinden und auch die seiner Mitarbeitenden zu erkennen, um gemeinsam neue Denkmuster zu entwickeln und die Zukunft zu gestalten", fügte ich hinzu.

„Perfekt", erwiderte Alex zufrieden. „Unsere Personalabteilung wird Ihnen die Stellenbeschreibung zukommen lassen. Und jetzt habe ich noch eine Überraschung für Sie."

Drei interne Bewerber

Das Unternehmen hatte die vakante Stelle nicht nur extern, sondern ebenfalls konzernübergreifend ausgeschrieben. Die Überraschung war, dass sich drei interne Bewerber bereits in der Vorauswahl befanden.

„Können Sie mit diesen drei Kandidaten Gespräche führen und uns sagen, wer von ihnen geeignet ist?", wollte Alex wissen. „Aber achten Sie bitte darauf, dass keiner am Ende demotiviert ist und kündigt. Vielmehr soll aus jedem eine Mind Change Führungskraft werden. Ich bin gespannt, ob Ihnen das gelingt."

Da war ich zuversichtlich. Die von mir entwickelte Methode, das Mind Change Profiling, setzt bei den Prägungen und Glaubenssätzen und sich daraus ergebenden Limitierungen in Bezug auf die Erfüllung der psychologischen Grundbedürfnisse an. In der Regel erkennen meine Gesprächspartner sehr schnell, dass sie davon ebenfalls persönlich profitieren. Zum Beispiel bekommen sie ein tiefergehendes Verständnis dafür, welche Art von Position und Aufgabenstellungen wirklich zu ihnen passt und beurteilen dadurch zuverlässiger, ob eine angebotene Stelle für sie die richtige ist.

Alex reichte mir die Fotos und Steckbriefe der drei Kandidaten:

- *Max*, 36 Jahre alt, gepflegte Frisur, Hornbrille, markantes Gesicht mit wachen, fokussierten Augen und zurückhaltendem Lächeln, Diplom-Ingenieur, 15 Jahre in einer Beziehung liiert, nebenberuflich bei der Freiwilligen Feuerwehr, Hobbygärtner, seit 5 Jahren im Unternehmen

- *Michael*, 35 Jahre alt, moderne Frisur, offener Gesichtsausdruck mit breitem Lächeln (das durch leichte Grübchen unterstützt wird), Diplom-Ingenieur, seit 2 Jahren verheiratet, in der Freizeit Fahrradfahren, seit 4 Jahren im Unternehmen

- *Martin*, 37 Jahre alt, leicht ausgewachsener Haarschnitt, feistes Gesicht, ernsthafte Ausstrahlung mit müde wirkenden Augen, Diplom-Ingenieur, verheiratet, 2 Kinder, soziales Engagement in der Kirche, seit 6 Jahren im Unternehmen

„Nun, wer ist Ihr Favorit?", fragte Alex herausfordernd.

„Also gut, dann lassen Sie uns ein kleines Spiel daraus machen", entgegnete ich scherzhaft. „Ich kann mir sehr gut vorstellen, wen Sie favorisieren. Schreiben Sie seinen Namen doch auf einen Zettel, den

Sie in ein Kuvert stecken. Und ich notiere den Bewerbernamen, von dem ich denke, dass er Ihr Wunschkandidat ist in einem anderen Umschlag. Bitte verwahren Sie beide Umschläge bis zur Entscheidung sicher für uns auf. Final werden wir sehen, ob ich mit Ihrem Favoriten richtig lag und, ob er auch den definierten Anforderungen entspricht."

Einladung zum Mitmachen

Wer macht am Ende das Rennen?
Das nun folgende Auswahlverfahren war für die Beteiligten zweifellos eine bedeutende Angelegenheit, verbunden mit zahlreichen Erkenntnissen und persönlichen Erfahrungen. Im Nachhinein jedoch, aus der Perspektive der Beraterin, lässt sich der gesamte Prozess noch einmal spielerisch nachvollziehen. Dazu lade ich Sie herzlich ein. Kommen Sie mit auf eine aufschlussreiche Entdeckungsreise!
Wie die Kandidaten, erhalten auch Sie die großartige Gelegenheit, Ihre eigenen Limitierungen zu entdecken und zu meistern. Es erwartet Sie ein spannendes Abenteuer, bei dem Sie die Chance haben, sich selbst besser kennenzulernen und Ihre persönlichen Grenzen zu erkunden und zu überwinden.

Bevor wir jedoch mit der ersten Etappe beginnen, sind noch einige Vorbereitungen nötig.
In den folgenden Kapiteln lernen Sie grundlegende Zusammenhänge kennen, die für Ihre persönliche Entwicklung und das Entfalten Ihres vollen Potenzials von Bedeutung sind.
Sie machen Bekanntschaft mit drei pfiffigen Wegbegleitern, die bei den einzelnen Etappen dieser Reise an Ihrer Seite sind. Seien Sie gespannt!

1.2 Die inneren Barrieren erkennen und beseitigen

Montagmorgen. Nach einem wenig entspannten Wochenende sind Sie auf dem Weg ins Büro. Ein Unfall blockiert die Autobahn und Sie müssen eine zeitraubende Umleitung nehmen. Und dies ausgerechnet heute, denn Sie haben eine wichtige Teambesprechung einberufen und wollen nicht, dass Ihre Mitarbeitenden auf Sie warten müssen. Kaum haben Sie wieder Gas gegeben, schneidet ein schicker Sportwagen Ihre Fahrspur. Sie können gerade noch bremsen, um den Crash zu verhindern und setzen Ihre Fahrt genervt fort. Im Büro angekommen finden Sie auf Ihrer Tastatur einen neongelben Zettel, auf dem in Großbuchstaben steht: „Du hast es schon wieder vergessen!!!" Kurz darauf betritt eine andere Teamleiterin Ihr Büro und fragt nach dem Grund Ihrer Verspätung. Zu allem Überfluss taucht in diesem Moment auch noch der Abteilungsleiter mit saurer Miene auf.

Wie würden Sie in solch einer Situation reagieren? Vielleicht gelänge es Ihnen, gelassen zu bleiben. Möglicherweise erginge es Ihnen aber eher so:

Bei der Umleitung denken Sie: „Mist, das kostet mich jetzt bestimmt wieder 15 Minuten und ich war eh` schon knapp dran." Sie fühlen sich gestresst. Nach dem Beinahe-Unfall schießt Ihnen durch den Kopf: „So ein Idiot!" Ihr Herz rast. Im Büro erblicken Sie zudem den leuchtenden Zettel auf Ihrer Tastatur, empfinden das als respektlos und fühlen sich enttäuscht. Als die Kollegin Sie auf Ihre Verspätung aufmerksam macht, platzt Ihnen der Kragen: „Jetzt reicht's!" Sie wiederum reagiert beleidigt, die Situation eskaliert. Nun mischt sich der Abteilungsleiter ein: „Was für ein unprofessionelles Verhalten von Ihnen beiden. Ich bin enttäuscht!"

So entsteht eine ungünstige Verflechtung aus Gedanken und Gefühlen, die weit in den Tag hineinwirkt.

Die zentrale Frage lautet: Warum reagieren Persönlichkeiten in solchen oder ähnlichen Situationen impulsiv und gefährden damit letztendlich ihren eigenen und auch den Unternehmenserfolg?

Psychologische Grundbedürfnisse – und wie sie unser Leben bestimmen

Neben den klassischen Grundbedürfnissen wie z. B. Schlafen, Essen
und Trinken gibt es *psychologische Grundbedürfnisse*, die das Wohlbefinden maßgeblich bestimmen. In Anlehnung an Prof. Dr. Klaus
Grawe (2006) lassen sich vier psychologische Grundbedürfnisse
unterscheiden, die wir zusätzlich um das Bedürfnis nach Autonomie
aus der Selbstbestimmungstheorie von Edward L. Deci und Richard
M. Ryan (1985) ergänzen. Somit sind es: Autonomie, Zugehörigkeit/
Bindung, Selbstwert, Orientierung/Kontrolle und Lust/Freude.

Wie genau sind diese Bedürfnisse zu verstehen? Um die psychologischen Grundbedürfnisse greifbar zu machen, sind im Folgenden eine
typische Botschaft in der Ich-Form und zusätzlich, zum Verständnis
der jeweiligen Charakteristik, Verhaltensweisen formuliert. Ergän-
zend dazu sind die Emotionen genannt, die bei einem hohen beziehungsweise niedrigen Erfülltheitsgrad zu erwarten sind. Diese sind
aus den Basis-Emotionen nach Paul Ekman (1999) und den Emotionen nach Reivich und Shatté (2002) abgeleitet.

Autonomie:

„Ich will die Freiheit haben, Dinge auf meine Art und Weise zu gestalten."

Dieses Bedürfnis zeigt das Verlangen einer Person nach Selbstbe-stimmung und Eigenständigkeit. Persönlichkeiten mit einem starken Bedürfnis nach Autonomie erkennt man daran, dass sie unabhängig und entscheidungsfreudig sind und es bevorzugen, ihr Leben eigenverantwortlich zu führen. Sie sind in der Lage, sich selbst zu reflektieren und bleiben sich und ihren Werten treu. Die Erfüllung hat erheblichen Einfluss auf die Selbstwirksamkeitsüberzeugung. Es bedeutet den Glauben an die eigenen Fähigkeiten, Aufgaben zu bewältigen, Herausforderungen zu meistern und Ziele zu erreichen.

Emotionen:
bei Erfüllung: Stolz, Leidenschaft, Unabhängigkeit
bei eingeschränkter Erfüllung: Frustration, Ärger, Widerstand

 ## Zugehörigkeit/Bindung:

„Ich will anderen Menschen nahe sein und jemanden haben, auf den ich mich verlassen kann."

Das Bedürfnis nach Zugehörigkeit und Bindung bezieht sich auf das Verlangen einer Person nach festen und verlässlichen Sozialbe-ziehungen sowie Verbundenheit und Unterstützung durch andere, was Vertrauen in zwischenmenschliche Beziehungen fördert. Dies zeigt sich in der Überzeugung, auf Fürsorge zählen zu können, was wiederum das generelle Vertrauen in sich selbst und andere för-dert. Menschen mit einem starken Bedürfnis nach Zugehörigkeit sind oft freundlich, mitfühlend und einfühlsam.

Emotionen:
bei Erfüllung: Zugehörigkeit, Verbundenheit, Vertrauen
bei eingeschränkter Erfüllung: Einsamkeit, Traurigkeit, soziale Isolation

 Selbstwert:

„Ich habe Vertrauen in meine Fähigkeiten, Herausforderungen zu meistern."

Dieses Bedürfnis bezieht sich auf das Verlangen, im Handeln effektiv und erfolgreich zu sein.
Menschen mit einem starken Bedürfnis nach Selbstwerterhöhung erkennt man daran, dass sie motiviert sind, Herausforderungen anzunehmen und ihre Fähigkeiten weiterzuentwickeln. Die Erfüllung hat einen erheblichen Einfluss auf das Selbstvertrauen und die Motivation, sich selbst zu verbessern und die eigenen Fähigkeiten auszubauen.

Emotionen:
bei Erfüllung: Wertschätzung, positiver Selbstwert, Dankbarkeit
bei eingeschränkter Erfüllung: Scham, Schuld, Angst

 Orientierung/Kontrolle:

„Ich will Struktur und Sicherheit, dadurch schaffe ich Klarheit und Orientierung in meinem Leben."

Dieses Bedürfnis bezieht sich auf den Wunsch nach klaren Regeln, damit ein Sicherheitsgefühl entsteht.

Erkennbar ist dies daran, dass Leitfäden und definierte Ziele erforderlich sind, um sich daran zu orientieren. Dies ermöglicht, richtige Entscheidungen zu treffen und in der Lage zu sein, besser mit Stress und unvorhergesehenen Situationen umzugehen. Die Bedürfniserfüllung hat somit einen erheblichen Einfluss auf Selbstregulation und Stressbewältigung.

Emotionen:
bei Erfüllung: Zuversicht, Zufriedenheit, Stolz
bei eingeschränkter Erfüllung: Hilflosigkeit, Unsicherheit, Scham

 **Lust/Freude:**

„Ich will Freude haben und schätze positive Erfahrungen."

Hierbei stehen positive Emotionen, Vergnügen und Genuss im Fokus. Erkennbar ist dies an einem starken Wunsch nach Spaß und angenehmen Erlebnissen. Das zeichnet sich häufig durch ein intensives Interesse an kreativen Aktivitäten, Hobbys und Unterhaltung aus. Die Zufriedenstellung hat einen erheblichen Einfluss auf die Resilienz und die mentale Gesundheit. Somit sind diese Persönlichkeiten in der Lage, positive Emotionen zu erleben und zu genießen, aber auch Negativerlebnisse schneller zu verarbeiten und Stress zügiger abzubauen.

Emotionen:
bei Erfüllung: Glück, Begeisterung, Zufriedenheit
bei eingeschränkter Erfüllung: Unzufriedenheit, Enttäuschung, Frustration

Nicht alle psychologischen Grundbedürfnisse müssen gleicherma-
ßen erfüllt sein.
Entscheidend ist zu wissen, welche Bedürfnisse vorrangig sind.
Werden präferierte Grundbedürfnisse erfüllt, erleben wir diverse
positive Emotionen. Bleiben sie dagegen unerfüllt, entstehen anhal-
tende unbefriedigende Gefühlszustände.

Beispielsweise wird das Bedürfnis nach Selbstwert durch mangelnde
Wertschätzung von außen getriggert.
Das heißt: Wenn die betreffende Person das Gefühl hat, nicht aner-
kannt zu werden, wird der daraus resultierende Glaubenssatz wie
„Ich werde nicht geliebt" erneut aktiviert. Verdrängte Gefühle setzen sich durch und führen im ungünstigsten Fall zu nicht kontrollierbaren Reaktionen.

Anstatt die Situation zu analysieren und Verantwortung für das
eigene Handeln zu übernehmen, fühlen sich die Betroffenen als
Opfer der Umstände, was zu einem Gefühl der Ohnmacht und Hilflosigkeit führen kann.

Die Auswirkungen können irrationales Verhalten sein, welches
nicht nur die Leistungsfähigkeit der Führungspersönlichkeiten sowie
die Ziele ganzer Abteilungen, sondern auch letztlich die des kom-
pletten Unternehmens beeinträchtigt. In diesem Zusammenhang ist
eine Tatsache nicht von der Hand zu weisen, die alle Betreffenden
insoweit beeinträchtigt. Psychische Erkrankungen stellen keine Sel-
tenheit dar, denn dafür gibt es klare Hinweise.

Eine Untersuchung von CPP Global (2008) zeigt, dass sich Arbeit-
nehmende in Europa und den USA im Schnitt über zwei Stunden
pro Woche mit zwischenmenschlichen Konflikten beschäftigen.
Laut DAK-Psychoreport (2023) sind die Fehltage aufgrund psychi-
scher Erkrankungen von 2012 bis 2022 um 148 Prozent gestiegen.

Zusammenfassend lässt sich festhalten, dass unerfüllte psychologische Grundbedürfnisse, damit verbundene Glaubenssätze und daraus resultierende Limitierungen sich im privaten und beruflichen Umfeld schwerwiegend auswirken.

Durch das Ergründen der Limitierungen eröffnen sich Möglichkeiten, diese aktiv anzugehen und somit mehr Lebensqualität zu erzielen.

Gefangen in der Spirale der Demotivation

Zurück zu Alex und seinen beiden Fehlentscheidungen bei der Besetzung einer Geschäftsführerposition.

Beide Kandidaten waren durchaus vielversprechend, doch zwei Mal geschah das Gleiche: Schon wenige Wochen nach der Einstellung waren ihre Mitarbeitenden frustriert und demotiviert.

„Wie konnte das passieren?", fragte mich Alex irritiert.

Daraufhin ging ich auf die Bedeutung der psychologischen Grundbedürfnisse ein: „Eine Führungskraft ist für die meisten Mitarbeitenden eine Leitfigur und wird als Vorbild gesehen. Wenn diese Führungsperson – selbst unbewusst – negative Signale aussendet, gehen vor allem diejenigen Mitarbeiter in Resonanz, deren unerfüllte Bedürfnisse in diesem Moment getriggert werden. Dementsprechend nachteilig sind die Reaktionen im Umfeld der Führungskraft. Ein Vorgesetzter sollte dem entgegenwirken, indem er auf die fünf psychologischen Grundbedürfnisse Rücksicht nimmt: Autonomie, Zugehörigkeit, Selbstwert, Orientierung/ Kontrolle und Freude/Lust."

Darauf reagierte Alex: „Das heißt, bloße Annehmlichkeiten wie Tischkicker oder Entspannungsräume helfen da nicht weiter, oder? Können Sie mir konkrete Beispiele aus dem Arbeitsalltag nennen, um diese Grundbedürfnisse besser zu verstehen?"

„Natürlich. Lassen Sie uns mit dem Bedürfnis nach Autonomie beginnen: Dieses ist äußerst wichtig, denn selbstbestimmte Mitarbeitende streben danach, aktiv Entscheidungen für die Gestaltung ihrer Arbeit zu treffen. Sie wollen ihre Aufgaben auf eigene Weise erledigen, und das ohne ständige Überwachung oder Kontrolle. Der Führungsstil sollte so sein, dass sie wissen, welche Ziele zu erreichen sind, wobei sie den Weg dahin jedoch selbst bestimmen können."

„Welche Rolle spielt im Unternehmenskontext das Bedürfnis nach Bindung und Zugehörigkeit?", interessierte meinen Gesprächspartner als Nächstes.

„Dieses Bedürfnis zählt für die meisten zu den wichtigsten, da dessen Erfüllung die Grundlage für Vertrauen in sich selbst und andere bildet. Verluste des Vertrauens können zu Konflikten führen. Ungesunde zwischenmenschliche Beziehungen oder ein Mangel an sozialer Unterstützung bewirken Demotivation und Enttäuschung. Daher haben Führungskräfte die Aufgabe, nachhaltig positive Beziehungen aufzubauen und den Mitarbeitenden das Gefühl der Wertschätzung zu vermitteln."

„Und das Bedürfnis nach Selbstwert?", wollte Alex danach wissen.

„Fühlen sich Mitarbeitende nicht wertgeschätzt, kann der Selbstwert darunter leiden. Fehlende Anerkennung vermittelt unweigerlich das Gefühl, dass die Arbeit oder die Person nicht geschätzt werden, was wiederum demotiviert. Daher ist es für eine Führungskraft entscheidend zu wissen, was ihr Gegenüber ganz genau unter Wertschätzung versteht und wie er diese erfahren möchte."

„Als viertes Grundbedürfnis haben Sie Orientierung und Kontrolle genannt, richtig?"

„Ja, dieses Bedürfnis äußert sich oft in einem starken Wunsch nach Struktur, klaren Vorgaben und Zielen. Das Fehlen eindeutiger Regeln, aber auch plötzliche Prioritätsänderungen können bei den Betreffenden ein Gefühl von Irritationen und Frustration verursachen. Daher ist es wichtig zu erkennen, welche Faktoren zur Orientierung beitragen und in welchen Situationen ein Bedarf nach Kontrolle besteht. Der Führungsstil für diese Mitarbeitenden sollte zumindest anfänglich von detaillierten Richtlinien und standardisierten Prozessen geprägt sein."

„Schließlich gibt es noch das Bedürfnis nach Lust und Freude. Was hat es damit im Unternehmenskontext auf sich?", war seine abschließende Frage.

„Spaß ist für viele schon in der Schule ein wenig positiv besetztes Thema gewesen, indem es hieß: ‚Ab jetzt beginnt der Ernst des Lebens'. Erwiesenermaßen lernt unser Gehirn am liebsten, wenn etwas Freude macht und Neugierde weckt. Daher sollte auch die tägliche Arbeit anspruchsvoll und abwechslungsreich sein. Mangelndes Interesse und geringe Sinnhaftigkeit im Tun können die Motivation schmälern."

Das Gespräch macht deutlich: Die Aufgabe eines Geschäftsführers besteht nicht nur darin, neue Geschäftsstrategien zu entwickeln, wirtschaftlich positive Ergebnisse zu erzielen oder Führungstools erfolgreich zu nutzen. Vielmehr ist es ebenfalls seine Aufgabe, ein zuverlässiges Umfeld zu schaffen, das die Bedürfnisse der Mitarbeitenden berücksichtigt, damit diese motivierter, zielorientierter, innovativer und engagierter tätig sind.

Somit hat eine Führungskraft die Aufgabe, die psychologischen Grundbedürfnisse der Mitarbeitenden zu erkennen und zu berücksichtigen. Voraussetzung hierfür ist sich mit den eigenen Überzeu-

gungen und den daraus resultierenden Limitierungen auseinander-
zusetzen. Das ungewollte Aussenden negativer Signale triggert bei
Mitarbeitenden Schwachstellen, wodurch wiederum ungünstige
Reaktionen ausgelöst werden.

Vom Glaubenssatz zur Limitierung

Bestehende Glaubenssätze entwickeln sich durch Verstärkungen
und Wiederholungen letztendlich zu Limitierungen.

Jede der folgenden Überzeugungen weist möglicherweise auf eine
Limitierung hin. Überlegen Sie, ob Sie sich in der einen oder anderen Aussage wiedererkennen und somit in Resonanz gehen.

 Autonomie:

„Andere sollten regeln und bestimmen, was für mich wichtig ist."
„Ich muss immer das tun, was andere von mir erwarten."
„Ich bin nicht fähig, die richtigen Entscheidungen zu treffen."

Mögliche Limitierung:
Die Führungskraft ist nicht in der Lage, Entscheidungen zu
treffen und Verantwortung zu übernehmen.

Zugehörigkeit/Bindung:

„Niemand versteht mich wirklich."
„Ich bin nicht liebenswert."
„Ich habe Angst, die Erwartungen anderer nicht erfüllen zu können."

Mögliche Limitierung:
Die Führungskraft ist nicht in der Lage, Mitarbeitende wertzuschätzen.

 ## Selbstwert:

„Andere sind immer besser als ich und werden dafür gelobt."
„Ich bin nicht gut genug."
„Ich verdiene keinen Erfolg."

Mögliche Limitierung:
Die Führungskraft ist nicht in der Lage, die Leistungen anderer anzuerkennen und deren Potenzial zu nutzen.

Orientierung/Kontrolle:

„Das Leben ist zu komplex und ich kann nichts daran ändern."
„Meine Pläne gehen alle schief."
„Ich habe keinen Einfluss darauf, wie die Dinge sich entwickeln."

Mögliche Limitierung:
Die Führungskraft ist nicht in der Lage, vertrauensvoll mit seinen Mitarbeitenden umzugehen und kontrolliert häufig.

 Lust/Freude:

„Ich darf keinen Spaß haben, weil ich dann sofort wieder enttäuscht werde."
„Spaß vergeht, Sicherheit besteht."
„Es ist egoistisch, eigene Freuden zu erleben."

Mögliche Limitierung:
Die Führungskraft ist nicht in der Lage, ein Wohlfühlklima innerhalb seiner Organisation zu schaffen.

Zu jedem der aufgezählten psychologischen Grundbedürfnisse lässt sich eine Vielzahl unterschiedlicher Glaubenssätze zuordnen.

Die gebildeten Glaubenssätze sind abhängig von den Prägungen aus Kindheit und Jugendzeit sowie den gesammelten Erfahrungen im Laufe des Lebens. Im Zusammenspiel von Grundbedürfnissen und Glaubenssätzen können wiederum vielseitige Limitierungen entstehen.

Sowohl das Triggern von bestehenden Überzeugungen als auch die dadurch entstandenen Limitierungen führen dazu, dass Emotionen und Handlungen in ungewollte Richtungen gesteuert werden und sich unerwünschte Reaktionsmuster verfestigen. Anhand der aufgeführten Glaubenssätze ist leicht erkennbar, dass diese aufgrund nicht oder nur unzureichend erfüllter Grundbedürfnisse entstanden sind. Im Umkehrschluss bedeutet eine Erfüllung der individuell präferierten Grundbedürfnisse die Bildung positiver und förderlicher Glaubenssätze und die volle Potenzialentfaltung.

Beginnen Sie eine faszinierende Reise

Sind Sie bereit? Eine Reise in sieben Etappen erwartet Sie mit dem Ziel, Ihr Gewinner-Mindset wiederzufinden.

In *Etappe 1 zünden Sie den Funken des Umdenkens.* Sie werden motiviert, Ihre Komfortzone zu verlassen und den Absprung zu wagen. Es ist eine Einladung, das Unerforschte zu erkunden, Ihr Mindset zu öffnen und die kreativen Kräfte des Umdenkens zu entfesseln. Ziel ist es, Ihren persönlichen Veränderungsprozess in Gang zu setzen.

Im Verlauf von *Etappe 2 lernen Sie Ihre Limitierungen kennen.* Indem Sie sich Ihren eigenen Schatten stellen, gehen Sie in Resonanz mit prägenden Ereignissen aus Ihrer Lebensgeschichte, decken begrenzende Überzeugungen auf und werden sich bewusst, wie diese Ihr Denken, Fühlen und Handeln beeinflussen.

Nun betrachten Sie Ihre Limitierungen näher: In *Etappe 3* emotionalisieren Sie diese bewusst, um auf diese Weise herauszufinden, inwieweit Sie Ihr Streben nach einem erfüllten und sinnvollen Leben tatsächlich einschränken. Ziel ist es zu erkennen, *welche Limitierungen Sie belasten und welche für Sie keine übergeordnete Rolle spielen.*

Etappe 4 zeigt Ihnen, wie Sie *Limitierungen überschreiben.* Schieben Sie einschränkende Ansichten in den Hintergrund und überlassen Sie die frei gewordenen Plätze in der ersten Reihe nun neuen, positiven Überzeugungen, die zudem im Einklang mit Ihren inneren Werten und Zielen stehen.

In *Etappe 5* lernen Sie, *die neuen Glaubenssätze zu leben* und fest in Ihrem Alltag zu verankern. Positive Glaubenssätze ermöglichen selbstbestimmtes Handeln und somit die Freisetzung all jener Potenziale, die Ihnen bisher durch Limitierungen verwehrt waren.

Nun sind Sie in der Lage *im Führungsalltag, souveräner zu agieren.* Hierzu entwickeln Sie in *Etappe 6* ein Leitbild für modernes Führen, den richtigen Einsatz der Mitarbeitenden und den Aufbau einer starken Vertrauenskultur.

Etappe 7 fokussiert sich auf Ihre persönliche Entwicklung. Mit dem Wissen und den Erkenntnissen um die eigene Identität verstehen Sie sich selbst und Ihr Umfeld besser und gestalten Ihr Leben bewusster. Nachdem Sie Ihre Limitierungen überwunden und somit die eigene Führungskompetenz erhöht haben, treffen Sie auch die richtigen Entscheidungen für Ihre berufliche Zukunft.

Seien Sie neugierig auf ein aufregendes und tiefgreifendes Abenteuer. Im Verlauf der folgenden Kapitel werden Sie die Architektur Ihrer Persönlichkeit erforschen und umgestalten. Sie werden Ihre bestehenden mentalen Grenzen überwinden – und sich zu einem echten Mind Change Leader entwickeln.

2. Die Reise

2.1 Erste Etappe – Den Funken des Umdenkens zünden

Die Uhr tickt und der Druck steigt.
Ihr Geschäftsführer erwartet von Ihnen die nächste bahnbrechende Idee, um das Unternehmen in eine erfolgreiche Zukunft zu führen. Sie stehen an einem Wendepunkt, an dem das Alte nicht mehr ausreicht und das Neue noch nicht greifbar ist. Es ist an der Zeit, den Funken des Umdenkens freizusetzen.

Als Führungskraft kennen Sie die Herausforderungen des täglichen Managements nur zu gut. Sie verfolgen Ziele, die nicht immer Ihren Überzeugungen entsprechen und versuchen, Ihre Mitarbeitenden in einem zeitweise ungutem Arbeitsklima zu höheren Leistungen zu motivieren.
Sie jonglieren mit anspruchsvollen Projekten und knapp bemessenen Fristen. Dagegen geht das Recruiting vielversprechender Nachwuchskräfte nur schleppend voran. Möglicherweise fühlen Sie sich sogar getrieben, reagieren nur noch auf äußere Umstände und sind häufig unzufrieden.
Ihre eigenen Bedürfnisse, Werte und Überzeugungen geraten in den Hintergrund. Ihnen fehlt die Zeit zu reflektieren und sich bewusst zu werden, was wirklich wichtig ist. Sie haben das Gefühl, dass die belastenden Umstände nicht änderbar sind.

Im Laufe von Wochen und Monaten können Überzeugungen oder Denkmuster wie zum Beispiel „Ich fühle mich überfordert.", „Meine Bedürfnisse spielen keine Rolle." oder „Ich kann so nicht mehr weitermachen." entstehen. Diese mentalen Begrenzungen wirken wie eine latente Gefahr. Anfangs sind es nur flüchtige Gedanken, als Nächstes werden sie vielleicht sogar zu festen Glaubenssätzen und schließlich zu hindernden Limitierungen.

Mögliche Indikatoren sind fehlende Motivation, Aufgaben anzugehen sowie Selbstzweifel und das Gefühl, nicht handlungsfähig zu sein. Dadurch überschatten tiefste Überzeugungen die eigenen Fähigkeiten und Potenzialen, was wiederum das Selbstvertrauen negativ beeinträchtigt und die Eigenwahrnehmung trübt.

In der Folge gehen Energie verloren und können Persönlichkeitsveränderungen entstehen. Grundlegende Bedürfnisse nach Selbstverwirklichung und persönlichem Wachstum werden nur noch in Teilen erfüllt. Individuelle Träume und Ziele bleiben auf der Strecke.

Deshalb ist es wichtiger denn je, sich seiner Gedanken und Emotionen bewusst zu werden, zu lernen diese zu steuern und somit ein souveränes und professionelles Agieren zu ermöglichen.
Dies hat positive Effekte auf die berufliche und private Performance.

Willkommen in einer neuen Ära der Unternehmenswelt.
Die bisherigen Vorstellungen von Führungskompetenz haben sich innerhalb weniger Jahrzehnte drastisch verändert. Dynamische Änderungen im Kontext mit Zukunftstechnologien, Globalisierung und demografischem Wandel erfordern innovative Lösungsansätze. Sowohl in der Mitarbeiterführung als auch in der Motivation derer sind flexiblere Konzepte erforderlich. Hierbei unterstützt das Wissen um die psychologischen Grundbedürfnisse und deren Erfüllung die Führungsarbeit maßgeblich. Voraussetzung hierfür ist jedoch, dass die Führungskraft eine gefestigte Persönlichkeit entwickelt hat, sich seiner eigenen Bedürfnisse und Limitierungen bewusst werden konnte und mit seiner Selbstidentität im Reinen ist.

2. DIE REISE

Die erste Etappe unserer Reise, die Sie an deren Ziel zur Entfaltung Ihres vollen Potenzials bringen wird, fordert Sie heraus, Ihre Komfortzone zu verlassen und den Absprung zu wagen. Es ist eine Einladung, das Unerforschte zu erkunden, Ihr Mindset zu öffnen und die kreativen Kräfte des Umdenkens zu entfesseln. Im weiteren Verlauf werden Sie Strategien und Praktiken kennenlernen, um Ihr Potenzial zu verwirklichen. Seien Sie bereit und starten Sie die herausfordernde, aufregende und lohnenswerte Erkundungstour.

Die drei Gedankenflüsterer – „The Inner Game!"

Wie es sich für ein echtes Abenteuer gehört: Sie unternehmen die Expedition zum Mind Change Leader nicht alleine.
Ihnen zur Seite steht ein inneres Team: *Neco*, der logisch Denkende, *Lisy*, die emotional Reagierende und *Präco*, der planende Visionär. Gemeinsam bilden sie ein unschlagbares Trio, das Ihnen dabei helfen wird, eigene Grenzen zu erkennen und zu überwinden.

Nennen wir die drei doch gerne „Gedankenflüsterer".
Sie zeigen uns im Buch immer wieder, wie sie - aus ihrer Rolle heraus - gewisse Situationen positiv bewerten. Dies soll eine Anregung für Sie sein, aus gewechselter Perspektive andere Denkweisen zu entwickeln.
Stellen Sie sich die drei Gedankenflüsterer gender-frei vor, um die Position eines neutralen Beobachters einzunehmen.

📜 Steckbriefe der Gedankenflüsterer

Denken und Fühlen sind die Grundlage unseres Handelns, hier treffen wir auf unsere drei Gedankenflüsterer Neco, Lisy und Präco – diese werden im weiteren Verlauf ausschließlich bewusst agieren. Das bedeutet, sie werden vom Bewusstsein gesteuert und wissen deshalb, wie wichtig es ist, die Gedanken in eine positive und zukunftsorientierte Richtung zu lenken.

Neco, der logische Part. Er ist der Meister des scharfen Verstands, tiefen Analysierens und rationalen Denkens. Neco durchleuchtet komplexe Probleme, verarbeitet Informationen und zieht daraus logische Schlussfolgerungen. Ihn zeichnen Klarheit und Objektivität aus. Entscheidungen trifft er auf Grundlage von Daten und Fakten. Bei der Lösung von Problemen geht er sorgfältig, methodisch und geduldig vor.

Lisy, der emotionale Part. Dieser reagiert sofort auf emotionale Reize. Lisy ist in der Lage, negative Emotionen, die nicht zuträglich sind, umgehend in förderliche Gefühle umzuprogrammieren. Entscheidungen werden aufgrund von Emotionen getroffen. Bei der Lösung von Problemen reagiert Lisy intuitiv und spontan.

Präco, der visionär Part. Als Meister der Zukunftsgestaltung ist sein innovativer Geist ständig auf der Suche nach neuen Ideen und Visionen. Präco ist nicht nur in der Lage, kreative Gedanken zu generieren, sondern auch konkrete Pläne zu entwerfen und langfristige Ziele zu verfolgen. Sein strategisches Denken und die Fähigkeit zur Selbstkontrolle zeichnen ihn aus.

Wo die Gedankenflüsterer zuhause sind

Das menschliche Gehirn ist die Schaltzentrale unseres Lebens. „Es ist das komplizierteste Organ, das die Natur je hervorgebracht hat: 100 Milliarden Nervenzellen und ein Vielfaches davon an Kontaktpunkten verleihen ihm Fähigkeiten, an die kein Supercomputer bis heute heranreicht." (MPG, 2024).

Im Gehirn befinden sich drei Hauptregionen, die unterschiedliche Aufgaben erfüllen. Für unsere Reise nehmen wir an, dass Neco, Lisy und Präco aus diesen Regionen stammen und dementsprechend verschiedene menschliche Facetten repräsentieren.

Der Neocortex, die Heimat von Neco, ist der stammesgeschichtlich jüngste Teil der Großhirnrinde. Er macht 96 Prozent des menschlichen Großhirns aus und ist entscheidend für komplexe Funktionen wie sensorische Wahrnehmung, kognitive Fähigkeiten, räumliches und bewusstes Denken sowie Sprache. Er wird aktiv, wenn wir bewusst nachdenken und zum Beispiel multidimensionale Aufgaben lösen.

Das limbische System, die Heimat von Lisy, ist entwicklungsgeschichtlich der älteste Teil des Gehirns. Es steuert die lebenswichtigen Funktionen wie Atmung, Blutdruck und Reflexe. Im limbischen System werden alle Erinnerungen, sowie Gefühle von Angst und Wut bis zu Liebe und Lust gespeichert. Das limbische System reagiert reflexhaft, was zu emotionalen Reaktionen führt.

Der präfrontale Cortex, die Heimat von Präco, ist ein Teil des Frontallappens der Großhirnrinde (Cortex). Diese kontrolliert in erste Linie das Gehirn. Und hier werden externe Reize mit vorhandenen Gedächtnisinhalten und emotionalen Bewertungen verglichen. Der präfrontale Cortex kann Ziele visualisieren, die Konsequenzen von Handlungen vorwegnehmen und Emotionen regulieren.

Er ist für die Planung, Koordinierung und Ausführung von Gedanken und Handlungen zuständig.

Diese drei Gehirnregionen mit eigenen Stärken und Fähigkeiten wirken zusammen, um eine Vielzahl von Aufgaben und Herausforderungen zu bewältigen.
Im Idealfall führt dieses Zusammenspiel von Logik, Emotionalität und Vision zu effektiven Lösungen und erstaunlichen Ergebnissen — im positiven wie im negativen Sinne.
Auf unserer Reise zum Mind Change Leader dürfen wir jedoch davon ausgehen, dass die Gedankenflüsterer Neco, Lisy und Präco kooperieren, beste Absichten haben und Ihnen dabei helfen möchten, Limitierungen zu überwinden und Ihr volles Potenzial zu entfalten.

Was die Begegnungen mit Neco, Lisy und Präco bedeuten

Die Impulse aus dem Dreierteam wecken in einer bestimmten Situation Gedanken, die Sie inspirieren sollen. Somit entstehen Gestaltungsmöglichkeiten, die Ihnen vorher nicht bewusst waren. Nutzen Sie das Momentum zwischen Reiz und Reaktion, um veraltete Überzeugungen zurückzulassen und Ihre Gedanken in eine neue, positivere Richtung zu lenken.

Häufig wird das Verhalten von Führungspersönlichkeiten durch unterbewusste Gedanken beeinflusst, die aus weit zurückliegenden Erfahrungen resultieren. Es haben sich oftmals starre Muster gebildet, die zu reflexhaften Reaktionen führen. Nur fünf Prozent unserer Gedanken, so Dr. Joe Dispenza (vgl. Dispenza, 2014), sind bewusst gesteuert. Die Möglichkeiten, daran etwas zu ändern liegen weniger im Nachdenken über die Zukunft, sondern vielmehr darin, die Situation nach dem Empfang eines Reizes zu nutzen, um sich der eigenen Gedanken bewusst zu werden.

Hier eröffnet sich die Chance, eingefahrene Reaktionen zu vermeiden und durch neuartige zu ersetzen.

Die somit gewonnenen Erkenntnisse gezielt einzusetzen, zeichnet einen Mind Change Leader aus, der die Zukunft aktiv gestaltet.

Eintauchen in die Welt von Neco, Lisy und Präco

Schauen wir uns das Gebiet an, das es auf unserer Reise zum Mind Change Leader zu erkunden gilt. Das Eisbergmodell veranschaulicht dies sehr verständlich.

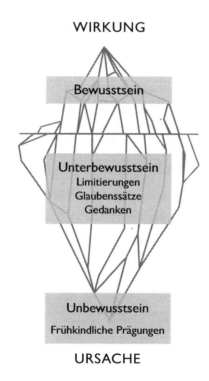

Abbildung 1: Das Eisbergmodell, eigene Abbildung

2. DIE REISE

Die kleine Spitze, die aus dem Wasser ragt, repräsentiert unsere bewussten Gedanken. Darunter befindet sich der größere und überwiegende Teil des Unterbewussten und Unbewussten.
Während im Unbewussten tief verborgende frühkindliche Prägungen verankert sind, befinden sich im Unterbewussten Gedanken, Glaubenssätze und Limitierungen.
Im Unbewussten sind frühkindliche Prägungen, verborgene Motivationen und verdrängte Gefühle abgespeichert. Diese beeinflussen unser Verhalten aus dem Verborgenen heraus. Ein aktives Zugreifen auf diese Informationen ist so gut wie nicht möglich.

Jedoch ist es uns im Unterbewusstsein möglich, Informationen aufzurufen und zu bearbeiten. Deshalb führt uns die Expedition genau dorthin.

Wie in einer Black Box werden hier alle Vorstellungen, Erinnerungen, Eindrücke, Einstellungen und Handlungsabläufe gesammelt. Aus diesem Speicher entwickeln sich Gedanken, Gewohnheiten und innere Überzeugungen, die wiederum bestimmen, wie wir auf Reize und Verhaltensmuster anderer Menschen reagieren.

Hinweis des Mind Change Profilers

Das Verständnis der Facetten des Bewusstseins trägt zur Selbststeuerung der persönlichen Entwicklung bei. Es ist die Chance, Regie im eigenen Leben zu übernehmen und zum aktiven Gestalter der Zukunft zu werden.

Entscheidend dafür ist der Umgang mit der Black Box des Unterbewussten und den darin eingeschlossenen Mustern und Überzeugungen.

Im Vorgang zwischen Reiz und Reaktion existiert ein geringer Zeitraum, in dem die Möglichkeit besteht, Kontrolle zu übernehmen und bewusste Entscheidungen zu treffen. Somit werden Gedanken, Gefühle und Handlungen aktiv in eine bestimmte Richtung gelenkt.

Das verlorene Gewinner-Mindset

Wir kommen mit einem Gewinner-Mindset zur Welt, einem Geschenk von unermesslichem Wert, das tief in uns schlummert. Somit sind wir von Beginn an mit einer Welt voller Möglichkeiten und unerschlossener Horizonte verbunden.

Doch im Laufe der Zeit, konfrontiert mit den Herausforderungen des Alltags und den äußeren Erwartungen, verlieren wir oft den Zugang zu diesem Schatz voller Perspektiven und vernachlässigen unsere psychologischen Grundbedürfnisse.
Somit gerät in Vergessenheit, dass wir für ein Leben voller Entfaltung und Wachstum geschaffen sind.
Der ständige Fokus auf äußere Ziele führt uns manchmal auf Abwege, fernab von unserem wahren Potenzial.

Doch das Gewinner-Mindset existiert nach wie vor und muss zurückgefordert werden. Sobald es aus den Schatten der Selbstzweifel und Begrenzungen befreit wurde, können Sie Ihre innere Kraft, Grenzen zu überschreiten und Träume zu verwirklichen reaktivieren.

Gemeinsam begeben wir uns auf eine Entdeckungsreise, wir schieben äußere Ziele und Ablenkungen beiseite und konzentrieren uns auf das, was wirklich von Bedeutung ist.

Erste Begegnung mit Neco, Lisy und Präco

In jedem steckt also dieses fantastische Gewinner-Mindset. Lesen wir, was unsere drei Gedankenflüsterer dazu beitragen.

Lisy, der emotionale Part, reagiert begeistert: „Wow, das hatte ich total vergessen! Mir hat schon lange keiner mehr gesagt, dass es dieses Gewinner-Mindset gibt und welche Potenziale ich da in mir trage. Das ist super!"

Neco, der Logiker, ist deutlich zurückhaltender: „Einen Moment, ich brauche Zeit, um darüber nachzudenken. Ich werde mir jetzt erst einmal Klarheit darüber verschaffen, was ich will, wie ich sein will und warum ich das will. Bestimmt lässt sich daraus auch eine tägliche Routine ableiten, die mir dabei hilft."

Präco, der Visionär und Planer, findet den Gedanken an das Gewinner-Mindset faszinierend. „Wir konzentrieren uns jeden Morgen auf unsere Stärken", schlägt er vor. „Dadurch festigen wir das Vertrauen in uns, werden zu aktiven Gestaltern und übernehmen die Verantwortung für das, was wir tun. Seid ihr dabei?"

Durch das *bewusste Reagieren* ziehen sie ausschließlich das Positive aus der Grundidee des Gewinner-Mindsets und sind offen für die Herausforderung.

Was denken Sie? Wie würden unsere drei Protagonisten sprechen, wenn sie *unterbewusst handeln* würden, sich also von Gedanken aus der Vergangenheit leiten und sich dadurch eingrenzen ließen?

Neco würde sich unterbewusst über das Gewinner-Mindsets etwa so äußern:

„Wenn es Persönlichkeiten mit Gewinner-Mindset gibt, dann ist die Wahrscheinlichkeit hoch, dass es auch Verlierer gibt."

 Lisy würde unterbewusst etwa so reagieren:

„Ich fühle mich jetzt schon ganz erschöpft, weil ich die Befürchtung habe, dass ich das nicht schaffe."

Ein unterbewusst handelnder Präco würde so urteilen:

„Ich sehe zwar vielfältige Möglichkeiten, jedoch werde ich aus meiner Erfahrung heraus ebenfalls die Risiken betrachten, und die scheinen hier zu überwiegen."

Hier wird der Unterschied zwischen den bewusst positiven Reaktionen und den unterbewussten Reaktionen, die auf negative Gedankenmuster und Erfahrungen zurückgreifen, deutlich.

Betrachten Sie dies als Startschuss für die zukünftige Gedankenreflexion!

Wie es bei den Kandidaten weiterging

Sie erinnern sich: Alex hatte mich beauftragt, drei interne Kandidaten zu beurteilen und eine Empfehlung abzugeben, welcher von ihnen für die Geschäftsführer-Position am besten geeignet sei. Zudem sollte ich darauf achten, dass die Kandidaten im Unternehmen bleiben und dort den Platz finden, an dem sie den größten Mehrwert für sich selbst und das Unternehmen schaffen.

Die Bewerber wurden gebeten, sich mit einer Selbstpräsentation vorzustellen.

Ziel der Gespräche war es, das Mind Change Profiling® einzuleiten. Gemeint ist damit ein strukturierter Prozess, der mit perspektivischem Blick auf die persönliche und berufliche Weiterentwicklung unterbewusste Denk- und Verhaltensmuster identifiziert (Mind), Limitierungen überwindet (Change) und darauf aufbauend ein klares Persönlichkeitsprofil (Profiling) entwickelt.

Kandidat Max: Angst vor der Selbstreflexion

Max kam zum vereinbarten Termin und zählte die Stationen seines Lebenslaufs, von der Schule über das Studium bis zu seinen jetzigen Aufgaben im Unternehmen, auf. Er präsentierte sich dabei leidenschaftslos und ließ seine Stärken und Persönliches völlig außen vor.

„Angenommen, Sie wären jetzt Geschäftsführer, wie würden Sie sich dann heute bei mir vorstellen? Wie würden Sie jetzt auftreten?", fragte ich ihn.
Die Frage überraschte ihn. Darüber habe er sich noch keine Gedanken gemacht, antwortete er und fügte hinzu: „Ich bin eher der Typ,

der erst einmal Leistung bringt und dann schaut, was dabei heraus-
kommt."

Ich fand seine Reaktion interessant, deutete sie doch auf eine mögli-
che Limitierung hin. Also fragte ich weiter: „Warum, glauben Sie, hat
Ihr Unternehmen Sie als Kandidaten für den Posten des Geschäftsführers vorgeschlagen?"
Nach einer längeren Pause sagte Max: „Ich denke, die wollen wissen, welche Fähigkeiten ich habe und, ob ich der Aufgabe gewachsen
bin. Und das sollen Sie als Profilerin jetzt herausfinden." Mit leiser
Stimme fuhr er fort: „Ich glaube, es geht um mich, als individuelle
Persönlichkeit. Und wenn ich ganz ehrlich bin, habe ich Angst vor
Ihnen, weil ich mich noch nie mit mir selbst beschäftigt habe und
vielleicht etwas erfahre, was ich verdrängt habe. Wissen Sie, ich
bin eher ein Mensch, der durch seine Leistung überzeugt und nicht
durch sich als Person."

Hat dieser Mann das Zeug zum Geschäftsführer? Was denken Sie?
Worauf deutete sein Auftreten hin? Was konnte ich aus der Begegnung mit ihm schließen?

Er sei ein Mensch, der durch Leistung und nicht durch seine Persönlichkeit überzeugen wolle, hatte er gesagt. Das war ein klarer
Hinweis auf eine tiefsitzende Limitierung. Trotz seiner Bemühun-
gen, Spitzenleistungen zu erbringen, hatte er nie einen genaueren
Blick auf sein eigenes inneres Potenzial, seine Stärken und Talente
geworfen. Tatsächlich vermied er diese Gedanken fast schon aus
Angst etwas in ihm zu entdecken, was er nicht wahrhaben wollte.
Er trieb sich weiter an, arbeitete härter und erreichte die Ziele, die
er sich gesetzt hatte. Je mehr er leistete, desto höhere Ansprüche
stellte er an sich selbst und seine Vorhaben. Doch diese unermüd-
liche Jagd nach äußeren Erfolgen trübte seine eigene Persönlichkeit
und Ausstrahlung.

2.1 Erste Etappe – Zünden Sie den Funken des Umdenkens

Seine Situation ließ sich in Bezug auf das Mind Change Profiling® wie folgt beschreiben:

In seinem Streben nach äußerem Erfolg konzentrierte sich Max auf die Außenwelt und war bereit, bestmögliche Leistung zu erbringen. Max erkannte jedoch, dass er dabei seine Persönlichkeit vernachlässigt hatte – ein Punkt, der ihm vorher nicht bewusst war. Die Erkenntnis traf ihn. Sein Bedürfnis nach Autonomie war nur oberflächlich und im Außen erfüllt. Obwohl er glaubte, dieses Bedürfnis vollständig befriedigt zu haben, offenbarte sich in Bezug auf seine Persönlichkeit eine andere Realität. Tiefer gehende Selbstreflexion und Auseinandersetzung mit sich selbst waren ihm fremd, vielleicht sogar unheimlich.

Die Feststellung „wie innen, so außen" wurde für Max zur Schlüsselerkenntnis. Er verstand, dass eine authentische Weiterentwicklung seiner Persönlichkeit untrennbar mit der bewussten Gestaltung seines Selbstbilds verbunden ist. Die Angst vor der Konfrontation mit sich selbst wurde zu einer Barriere, die es zu überwinden galt. An dieser Stelle setzte der Mind-Change-Profiling-Prozess ein. Max wurde klar, dass sein unterbewusstes Selbstbild, wenn es nicht bewusst gestaltet wird, seine zukünftigen Ziele und Erfolge behindern würde. Max erkannte die Notwendigkeit, sich bewusst zu werden, welches Selbstbild er von sich haben will.

Die Schlussfolgerung, die sich aus der Situation von Max ziehen lässt, war, dass äußere Leistungsbereitschaft nicht ausreicht, um wahre persönliche Entwicklung zu erreichen. Es bedarf einer bewussten Auseinandersetzung mit dem eigenen Selbstbild und der Bereitschaft, ebenfalls die inneren Aspekte der Persönlichkeit zu stärken.

Kandidat Michael: Mangelnde Selbstreflexion

Michael erschien pünktlich, brachte (nur für sich) eine Brezel mit und erzählte von sich, seiner Familie und seinem Leben. Die Präsentation hatte jedoch keine Struktur und es fehlte der sogenannte „rote Faden".
So fragte ich ihn, wie er sich die ersten 100 Tage als Geschäftsführer vorstellen würde.
Seine spontane Antwort: „Ich kann mir das alles sehr gut vorstellen, schließlich verstehe ich mich ja hervorragend mit dem Vorstandsvorsitzenden."

Bei Michael gibt es ebenfalls eine Ursache für sein Verhalten - die jedoch nicht sofort auffällt.
So stellte ich ihm folgende Frage: „Was glauben Sie, was Ihre Eltern oder Großeltern sagen würden, wenn Sie Geschäftsführer würden?" Nachdenklich antwortete er: „Die würden sagen, dass ich das nie schaffen könne und der Job nicht nur eine, sondern viele Nummern zu groß für mich sei." Doch sofort ergänzte er seine Aussage und meinte: „Deshalb bin ich froh, so ein gutes Verhältnis zum Vorstandsvorsitzenden zu haben. Er ist wie ein Vater für mich."

Deutlich wurde seine Limitierung, die sich so formulieren lässt: Michael wurde seit vielen Jahren die Fähigkeit abgesprochen, anspruchsvolle Aufgaben und Verantwortung zu übernehmen. Es liegt auf der Hand, dass diese Limitierung erhebliche Auswirkungen auf seine Führungspersönlichkeit haben kann.

Die Analyse bezogen auf das Mind Change Profiling® ergab, dass Michael sich auf den Weg des geringsten Widerstandes fokussierte. Das Bedürfnis nach Zugehörigkeit spielte in bestimmten Situationen eine zentrale Rolle. Doch bezeichnenderweise hatte er sich nie ernsthaft damit auseinandergesetzt, dass ihm sein Umfeld aufgrund dieser Kenntnis wenig zutraute.

Der Impuls zum Nachdenken begann, als er erkannte, dass seine Familie wenig Vertrauen in seine Leistungsfähigkeit hatte, da Michael seither sehr salopp durch sein berufliches Leben geschlittert war.

Im Mind-Change-Profiling-Prozess wurde Michael klar, dass sein Selbstbild aufgrund von Überschätzung seiner Selbst und Ignoranz äußerer Signale gefährdet ist.

Kandidat Martin: Kam einfach nicht

Martin erschien nicht zum Termin. Er hatte diesen aufgrund einer Erkrankung abgesagt und zog später seine Bewerbung zurück.

Über die Gründe lässt sich spekulieren. Möglicherweise wurde sein Bedürfnis nach Orientierung und Kontrolle nicht erfüllt, begleitet von dem Gedanken: „Ich weiß nicht, was da auf mich zukommt." In dieser Unsicherheit suchte er Zuflucht in der Abwesenheit – wobei dies aber auch eine Unterstellung sein könnte.

Die Interpretation legt nahe, dass selbst ideale äußere Rahmenbedingungen nicht ausreichen, wenn jemand innerlich nicht gefestigt ist. Hier wird deutlich, dass die Auseinandersetzung mit sich selbst und der eigenen Persönlichkeit sowie dem damit verbundenen Selbstbild von existenzieller Bedeutung ist.

Ein Mind Change könnte für Martin bedeuten, das Bedürfnis nach Orientierung/Kontrolle bewusst zu erkennen und zu bearbeiten. Die Essenz dieses Mind-Change-Profiling-Prozesses läge dann darin zu verstehen, dass Selbstreflexion und innere Stärke eine Grundvoraussetzung für Erfolg und Glück im Leben sind. Wenn eine Persönlichkeit sich den Einschränkungen in Bezug auf die eigenen Gestaltungsmöglichkeiten nicht stellt, wird sie immer eine

2. DIE REISE

Begrenzung erleben.

Diese Einschätzung bestätigte sich, als Martin drei Wochen später kündigte und das Unternehmen verließ.

Seine Begründung lautete: „Ich gehe an einen Ort, wo ich standardisierte Prozesse vorfinde und nicht jeden Tag mit neuen Herausforderungen konfrontiert werde. Wenigstens im Job will ich das Gefühl haben, dass alles routiniert abläuft, sonst werde ich krank."

Martins plötzliche Kündigung verdeutlichte die Notwendigkeit, sich inneren Barrieren zu stellen und nachhaltige Lösungen zu finden. Die ständige Vermeidung von Konfliktsituationen steht der Persönlichkeitsentwicklung entgegen.

Hinweis des Mind Change Profilers

Die Ausgangssituationen der Kandidaten verdeutlichen, wie entscheidend es für den beruflichen Erfolg ist, sich zunächst mit der eigenen Persönlichkeit, den Bedürfnissen und dem eigenen Selbstbild auseinanderzusetzen.

Jeder einschränkende Gedanke kann einen Glaubenssatz aktivieren, der wiederum eine Limitierung hervorrufen kann. Oftmals wird versucht, diese persönlichen Defizite zu überdecken. Führungskräfte verfolgen ehrgeizige Ziele und erbringen äußerlich beeindruckende Leistungen. Doch spätestens in schwierigen oder kritischen Momenten trübt die emotional negative Belastung die Leistungsfähigkeit.

Es lohnt sich, die eigenen Gedanken und Überzeugungen bewusst zu reflektieren und sie in Bezug auf die individuellen psychologischen Grundbedürfnisse und dem damit verbundenen Selbstbild zu betrachten. Dies bietet die Möglichkeit, das Selbstbild neu zu definieren und somit die Selbstwirksamkeit zu erhöhen.

2. DIE REISE

(i) Blick zurück

Das Etappenziel ist erreicht: Der Funke des Umdenkens wurde entzündet und somit wurde Ihr persönlicher Veränderungsprozess in Gang gesetzt.
Die Reise mit dem Ziel, Ihr wahres Potenzial zu verwirklichen, hat begonnen.

Die Schritte

1. *Sich bewusstwerden:* Wir Menschen verfügen über ein verborgenes Potenzial, das wir wieder aktivieren können.
2. *Die Gedanken nach innen richten:* Die inneren Überzeugungen und Wahrnehmungen sind der Schlüssel, um Limitierungen aufzulösen und das volle Potenzial zu entfalten.
3. *Die Begleiter der Reise begrüßen:* Neco, Lisy und Präco sind die Gedankenflüsterer, die Impulse geben und zum Erfolg der Exkursion beitragen.

2.2 Zweite Etappe – Limitierungen erkennen

Sprichwörter sind wie Samenkörner kollektiven Wissens, die von Generation zu Generation weitergereicht werden. Oft übernehmen wir sie in unseren Alltag, ohne zu hinterfragen, ob sie wirklich in unser persönliches Weltbild passen. Diese kleinen sprachlichen Weisheiten sind wie heimliche Lehrmeister, die uns leiten. Und dies ohne, dass wir es bemerken – und so prägen sie dann oft unbewusst unsere inneren Überzeugungen und täglichen Handlungen. Doch haben Sie sich schon einmal gefragt, wie tief diese alten Weisheiten Ihr Verständnis von Führung und Selbstentwicklung beeinflussen?

Nehmen wir zum Beispiel das Sprichwort „Der Mensch denkt und Gott lenkt." Es geht auf einen Bibelvers zurück: „Des Menschen Herz erdenkt sich seinen Weg, aber der Herr allein lenkt seinen Schritt." Diese Lebensweisheit wurde im Laufe der Zeit von vielen Menschen in unterschiedlichen Zusammenhängen verwendet. Letztlich suggeriert es, dass das Leben von einer scheinbar höheren Macht gelenkt wird – was impliziert, dass unsere Fähigkeit, das eigene Schicksal in die Hand zu nehmen, begrenzt ist.

Gerade Führungskräften werden in der Unternehmenswelt fortlaufend Eigeninitiative, Verantwortung und Innovationskraft abverlangt. Schränkt der Gedanke, dass „Gott lenkt", ihre eigene Handlungsfähigkeit nicht zu sehr ein? Könnte diese „Fremdbestimmung" vielleicht Ausdruck einer Limitation sein, die auf das genannte Sprichwort zurückgeht?

Lassen wir nun das Wort „Gott" weg, lautet das Sprichwort *„Der Mensch denkt und lenkt."* Damit hat sich die ursprüngliche Aussage grundlegend verändert, die vorgegebene Limitierung ist in ihr nicht mehr enthalten. Die daraus resultierende Erkenntnis, dass der Mensch sowohl *denkt* als auch *lenkt*, eröffnet eine neuartige Perspektive. Was wäre, wenn wir unsere bisherige Wahrnehmung korrigieren und diesen geänderten Betrachtungswinkel für uns annehmen würden? Die Infragestellung veralteter Glaubenssätze öffnet die Tür zur Selbstreflexion und damit zur Fähigkeit, unser Leben und die Selbstführung aktiv zu gestalten. Indem wir tief verwurzelte Überzeugungen wie „Der Mensch denkt und Gott lenkt" erkunden und bewerten, inwieweit diese Haltung zu unserem aktuellen Weltbild und eigenen Zielen passt, beginnen wir, Limitierungen zu erkennen und zu überwinden.

Willkommen in der zweiten Etappe! Sie fordert dazu heraus, sich seiner Vergangenheit und seiner Schatten zu stellen, um so den eigenen Limitierungen auf die Spur zu kommen.

Ziel dieses Wegabschnitts ist es, hinderliche Überzeugungen und die damit verbundenen Einschränkungen zu erkennen sowie für sich zu klären, welche Auswirkungen sie auf die eigene Führungspersönlichkeit haben.
Eine entscheidende Voraussetzung hierfür ist, sich der Einflüsse aus der Vergangenheit bewusst zu werden.

Schritt 1: Sich den eigenen Schatten stellen

Überzeugungen sind die Bausteine unseres gefestigten Selbstkonzepts. Sie sind wie eine innere Landkarte, die maßgeblich bestimmt, wie wir die Welt um uns herum wahrnehmen und welche Entscheidungen wir treffen. Weitreichende Teile dieser „Map of Mind" sind uns jedoch nicht bewusst, sie zählen zu unseren „Schatten".

„I am not what happened to me. I am what I choose to become." Ein zentraler Aspekt dieses Gedankens bezieht sich auf das, was Carl Gustav Jung (Schweizer Tiefenpsychologe 1875 - 1961) als „Schatten" bezeichnete. Diese sind verborgene Teile unserer Persönlichkeit. Alle negativen Eigenschaften, die wir nicht annehmen oder zeigen wollen, landen im „Schatten", aber auch positive Talente und Fähigkeiten, die wir nicht ausleben, können als „Schatten" bezeichnet werden.

Dahinter verbergen sich wiederum unerfüllte psychologische Grundbedürfnisse und limitierende Überzeugungen. Um diese herauszufinden ist es nötig, sich mit dem eigenen ICH zu beschäftigen, Wahrheiten zu definieren und sich von Selbsttäuschungen zu befreien. Das erfordert Zuversicht und Selbstehrlichkeit, doch der Schritt lohnt sich.

Vom Schatten ans Licht: Verborgene Limitierungen aufdecken

Die konsequente Auseinandersetzung mit den eigenen „Schattenseiten" ermöglicht unterbewusste Limitierungen aufzudecken. Bislang versteckte Teile unseres inneren Atlas werden erkennbar, sodass wir sie nun bewerten und bei Bedarf neugestalten können.

Was bedeutet das konkret? Für die Umsetzung in der Praxis hat sich folgende Vorgehensweise bewährt:

- *Reflexion:* Nehmen Sie sich ausreichend Zeit für Selbstreflexion. Welche Überzeugungen und Denkmuster steuern Ihr Denken, Fühlen und Handeln?

- *Ehrliche Inventur:* Stellen Sie sich Ihren Ängsten und Unsicherheiten. Fragen Sie sich, in welchen Situationen Sie dazu neigen, den Blick auf Ihre eigenen Defizite zu vermeiden und erkunden Sie die zugrunde liegenden Gefühle und Glaubenssätze.

- *Offenheit:* Seien Sie offen für Veränderungen. Die Bereitschaft zur Transformation beginnt mit der Akzeptanz der Realität.

Besonders in Führungspositionen kommt es darauf an, sich Zeit für Selbstreflexion zu nehmen, um so ein tieferes Verständnis für die eigenen Gedanken, Emotionen, Überzeugungen und Verhaltensmuster zu entwickeln. Eine Leitfrage hierzu lautet: Welche Schlüsselmomente aus der Vergangenheit beeinflussen die Gegenwart?
Emotionale Erlebnisse prägen uns stark und formen limitierende Überzeugungen wie „Ich kann nicht anders", „Ich fühle mich eingeengt", „Ich habe keinen Überblick mehr" oder „Ich mag nicht mehr". Durch Selbstreflexion erkennen wir, ob unsere aktuellen Gedanken mit der Realität übereinstimmen und woraus sich das "Gewebe" unserer Wirklichkeit bildet.

Durch die bewusste Aktivierung eines früheren Erlebnisses formen wir eine innere Haltung. Dadurch entstehen Situationen, die wir mit unseren Gedanken und den damit verbundenen Emotionen selbst erschaffen haben. Wenn wir konstant dieselben Gedanken über uns und unsere Situation hegen, schaffen wir fortwährend neue Auslöser für ähnliche Resultate. Das Bewusstsein über diese Dynamik ermöglicht es, gezielt Einfluss auf unser Erleben zu nehmen. In dieser Erkenntnis liegt eine einzigartige Chance. Allein wir tragen die volle Verantwortung für unsere Gedanken und Emotionen.

Überlegen Sie also, welche Rückblenden aus Ihrer Vergangenheit Sie sich immer wieder ins Bewusstsein rufen und sie deshalb Ihre Gegenwart beeinflussen.

Psychologische Grundbedürfnisse vs. Glaubenssätze

Gehen wir in der Analyse noch eine Stufe tiefer, indem wir negative Glaubenssätze in den Kontext der fünf psychologischen Grundbedürfnisse setzen. Dadurch erhalten wir ein differenziertes Bild, wie sich unterschiedlich erfüllte Grundbedürfnisse auf Glaubenssätze auswirken können.

Das unerfüllte Bedürfnis nach Autonomie beispielsweise schränkt insofern ein, dass aktives Gestalten verhindert wird. Ein wenig erfülltes Bedürfnis nach Zugehörigkeit wiederum verursacht Isolation und Selbstzweifel.
Das Verständnis der unterschiedlichen Auswirkungen hilft uns, Überzeugungen richtig einzuordnen und entsprechend zu ändern.

Wie lässt sich ein Glaubenssatz im Hinblick auf die fünf psychologischen Grundbedürfnisse analysieren?

Beispiele dafür sind weit verbreitete Überzeugungen wie „Ich bin halt so" oder „Ich kann nicht anders". Oftmals wird diese vermeintliche Authentizität als unveränderlich betrachtet, da solche oder ähnliche Glaubenssätze häufig als Ausdruck genetischer Ursachen oder sozialer Prägungen interpretiert werden. Doch diese Sätze bergen Schatten, die

die Persönlichkeit erheblich einschränken können. Sie werden durch die grundlegenden Bedürfnisse nach Autonomie, Zugehörigkeit/Bindung, Selbstwert, Orientierung/Kontrolle und Lust/Freude beeinflusst. Die Auseinandersetzung mit inneren Überzeugungen zeigt uns, welche ursprünglichen Grundbedürfnisse hierfür Auslöser waren.

Beispielsweise kann der Glaubenssatz „Ich bin halt so" aus einem oder mehreren unerfüllten psychologischen Grundbedürfnissen entstanden sein und sich zu Limitierungen entwickeln. Daraus ergeben sich jeweilige Lösungsansätze.

 ## Autonomie:

„Ich will die Freiheit haben, Dinge auf meine Art und Weise zu gestalten."

Schatten: die Beeinträchtigung der Fähigkeit, selbstbestimmte Entscheidungen zu treffen und sich weiterzuentwickeln
Lösung: die Erkenntnis, dass aktives Gestalten den Weg zu einem selbstbestimmten Leben ebnet

 ## Zugehörigkeit/Bindung:

„Ich will anderen Menschen nahe sein und jemanden haben, auf den ich mich verlassen kann."

Schatten: die Einschränkung des Zulassens von Nähe zu anderen Menschen und Personengruppen
Lösung: das Filtern bestimmter Gruppen oder Personen, zu denen eine Zugehörigkeit bestehen soll und das Herausarbeiten der dafür zu entwickelnden persönlichen Eigenschaften

 **Selbstwert:**

„Ich habe Vertrauen in meine Fähigkeiten, Herausforderungen zu meistern."

Schatten: das Vernachlässigen positiver Aspekte und Eigenschaften der eigenen Persönlichkeit und die Überbewertung negativer Selbstwertgefühle
Lösung: Kennen- und Schätzenlernen der eigenen Stärken

 Orientierung/Kontrolle:

„Ich will Struktur und Sicherheit, dadurch schaffe ich Klarheit und Orientierung in meinem Leben."

Schatten: die Überzeugung, keine Kontrolle über äußere Einflüsse, Ereignisse sowie Entscheidungen anderer zu haben
Lösung: das Bewusstmachen der innerlichen Kraft, selbst aktiv Strukturen und Sicherheit für sich selbst zu schaffen

 **Lust/Freude:**

„Ich will Freude haben und schätze positive Erfahrungen."

Schatten: die Selbstuntersagung, Spaß und Freude zu erleben und das Einschränken der Neugierde auf neue Erfahrungen und Erlebnisse
Lösung: das Bewusstwerden, welche angenehme Konsequenzen das Erleben von Freude mit sich bringt und die Motivation sich auf Glücksmomente einzulassen

2. DIE REISE

Exemplarisch wurden hier sowohl Einschränkungen als auch Lösungsmöglichkeiten der Aussage „Ich bin eben so!" im Zusammenhang mit den fünf psychologischen Grundbedürfnissen betrachtet. Hierbei ist sehr wichtig zu verinnerlichen, dass Überzeugungen nicht „in Stein gemeißelt sind". Vielmehr sollten wir uns darüber bewusst werden, dass flexible Denkmodelle die Möglichkeit eröffnen, von abgespeicherten Kerngedanken Abstand zu nehmen und uns neu zu orientieren.

Hiermit überschreiten wir die Grenze vom unterbewussten zum bewussten Agieren und Reagieren.

Somit eröffnet sich ein Handlungsspielraum, in dem Limitierungen aktiv erkannt und überschrieben werden können.

Schritt 2: Biografie vs. eigene Überzeugungen

Bei der Auseinandersetzung mit der eigenen Vergangenheit hat sich die Biografie-Arbeit bewährt. Sie ist ein wirksames Instrument, um Limitierungen zu erkennen und dadurch Stärken und Ressourcen zu entwickeln.
Der bewusste Rückblick auf die eigene Lebensgeschichte erleichtert es, gegenwärtige und künftige Herausforderungen zu meistern.

Zeiten, in denen die Anforderungen an Entscheidungsträger stetig steigen, erfordern es, innere Stärke zu entwickeln. Führungskräfte haben Verantwortung für die Lösung komplexer Probleme und die Schaffung optimaler Rahmenbedingungen für ihre Mitarbeitenden. Dabei bietet die Biografie-Arbeit einen wertvollen Ansatz, denn sie erschließt ungenutzte Ressourcen und verhilft dazu, innere mentale Stärke zu finden.

Lebensgeschichten formen dazu, was jemanden ganz persönlich ausmacht und er heute ist.
Die bewusste Erkundung und Bewertung eines Reviews ermöglichen wertvolle Erkenntnisse über den früheren Umgang mit Erfolgen oder Niederlagen, mit mentalen „Hochs" oder „Tiefs" respektive persönlichen Entwicklungen und Rückschlägen.

Biografische Kompetenz ist mehr als nur Rückblick, denn sie ist die Fähigkeit, sich selbst besser zu verstehen und die bisherigen Verhaltensmuster auf den Prüfstand zu stellen.

2. DIE REISE

Die Rolle von Glaubenssätzen in der Biografie

Stellen Sie sich vor, Ihnen werden im Laufe der Kindheit und Jugendzeit stetig negative Äußerungen zu Ihrer Person bezüglich Intelligenz,
körperlicher Statur, Aussehen und Perspektiven entgegengebracht.
Typische Aussagen sind beispielsweise: „Mit deinem IQ ist es nicht
weit her.", „So klein und schmächtig, wie du bist.", „Wie siehst denn
du schon wieder aus!" oder „Aus dir kann nie etwas werden."

Auswirkungen auf die Persönlichkeit bleiben nicht aus. Im Unterbewussten haben sich durch diese ständigen Impulse feste Überzeugungen gebildet, die das eigene Denken, Fühlen und Handeln
beeinflussen. In der Synergie dieser ungünstigen Verkettung entstehen Limitierungen, die das Leben einschränken. Durch Biografie-
Arbeit ist es möglich, die ursächlichen Erlebnisse zu ergründen und
zu bearbeiten. Am Ende des Prozesses werden förderliche Denkweisen gefunden und fest im täglichen Leben verankert.

Die Biografie des Unternehmers Wolfgang

Folgende Aussage begleitete Wolfgangs Kindheit wie ein roter
Faden: „Du bist zu klein, aus dir wird nichts!" Diesen Satz hörte
er überwiegend von seinem Vater. Aber auch seine Lehrer an der
Realschule teilten diese Ansicht und verstärkten den Glauben, dass
er es zu nichts bringen würde. Immer wieder wurde Wolfgang herabgesetzt und als dumm bezeichnet. Und das besonders von seinen
Mitschülern, die ihn wegen seiner Größe ausgrenzten.
Trotzdem hegte Wolfgang in der Jugendzeit den Traum von Erfolg,
schnellen Autos und einem sorgenfreien Leben.

Doch Wolfgangs pessimistischer Vater demotivierte ihn und pflegte
oft zu sagen: „Träume sind Schäume."

Dennoch gab Wolfgang den Glauben an seinen Traum nicht auf. Der weitere Werdegang:

In der Schule wurde ein Pilotprojekt eingeführt, das nach erfolgreichem Absolvieren der mittleren Reife einen Wechsel aufs technische Gymnasium in Verbindung mit einer Berufsausbildung ermöglichte. Allen Widrigkeiten zum Trotz entschied sich Wolfgang aktiv für diesen Weg und verband alles mit einer Maurerlehre. Er setzte sich über alle Zweifler hinweg, nutzte seine Chance und vertraute seinen Fähigkeiten.

Im späteren dualen Studium unterstützen seine Eltern ihn finanziell nicht, weshalb Wolfgang abends jobbte, um seine Lebenshaltung zu ermöglichen.

Das Studium war sehr anspruchsvoll, doch diese Herausforderung lehrte ihn den Wert von Wissen und Bildung. Schließlich promovierte Wolfgang erfolgreich.

Das Leben hielt weitere Prüfungen bereit.

Mit einem Bekannten gründete er später ein Bauunternehmen.

Wenige Jahre später scheiterte die Zusammenarbeit, weil der Geschäftspartner die Gewinne unterschlug.

Wolfgang stand vor einer schwierigen Entscheidung: Insolvenz anmelden oder mit hohen Schulden einen Neustart wagen. Es stand für ihn außer Frage, sich für Letzteres zu entscheiden.

Woher nimmt Wolfgang die Energie, Rückschläge in Erfolge umzuwandeln? Es ist der unerschütterliche Glaube an sich selbst. Nicht wenige machen ihre Kindheit für eigene Persönlichkeitsentwicklung und Lebensumstände verantwortlich. Wolfgang sieht das anders: Jeder trägt die Verantwortung für sein eigenes Leben.

Heute ist Wolfgang ein überaus erfolgreicher Unternehmer, der inzwischen ein eigenes Firmenimperium aufgebaut hat.

2. DIE REISE

Wolfgangs Biografie zeigt, was erreicht werden kann, selbst wenn die Außenwelt die Fähigkeit dazu anzweifelt oder gar abspricht. Somit sind wir die Gestalter unserer eigenen Realität durch genau die Gedanken, die wir zulassen oder hervorrufen.

Die Sicht der drei Gedankenflüsterer:

 „An Wolfgang wird klar, wie wichtig es ist, sich seiner Gedanken bewusst zu sein und zu wissen, was man will."

 „Absolut, er hatte ein klares Bild davon, was er im Leben errei-chen und wie er als Person sein wollte. Diese Vorstellung beglei-tete ihn kontinuierlich."

 „Ganz genau, dabei verspürte er Freude und Begeisterung."

Hinweis des Mind Change Profilers

Jede Persönlichkeit bringt eine einzigartige Lebensgeschichte mit, geformt durch individuelle Erfahrungen und Prägungen. Biografische Arbeit ermöglicht es, diese Einflüsse zu reflektieren und, bei Bedarf die Vergangenheit neu zu bewerten und einzuordnen. Erkenntnisse aus der Hirnforschung zeigen, dass das Gehirn nicht zwischen objektiver Situation und subjektiver Erinnerung unterscheidet. Zudem wird die emotionale Färbung eines Ereignisses und die Detailausgestaltung im Nachhinein verändert.

Durch dieses Wissen hat jeder die Chance, das Fundament für eine zukünftige erfolgreiche Führung zu legen.

Die Biografie von Wolfgang zeigt auf eindrucksvolle Weise: Für den Lebensweg sind die eigenen Überzeugungen und das bewusste Lenken der Gedanken entscheidend. Rückschläge gilt es zu nutzen, um sich bewusst zu werden, was man wirklich will und, um sich hierauf zu fokussieren.

Selbstverantwortung ist der Schlüssel, um das eigene Leben zu gestalten.

Vorsicht vor verfälschter Wahrnehmung!

Wir nehmen die Vergangenheit durch unsere eigene „Brille" wahr, was eine gewisse Gefahr birgt.
Indem wir uns immer wieder dasselbe Erlebte erzählen, gewinnt es an Intensität und erscheint oft dramatischer, als es in Realität war.

Je häufiger Sie sich die Beschreibung eines oder mehrerer Ereignisse aus der Vergangenheit hervorrufen, desto mehr Details kommen unweigerlich hinzu. Aus einem anfänglichen Trampelpfad der Gedanken wird eine emotionale Achterbahn.

Das folgende Fallbeispiel verdeutlicht die Konsequenzen solch einer verzerrten Wahrnehmung:
Während der Biografie-Arbeit mit einer Nachwuchsführungskraft, die sich im Zustand eines Burnouts befand, kam eine tiefe Traurigkeit im Zusammenhang mit der Trennung der Eltern direkt nach der eigenen Einschulung zum Vorschein. Diese Trauer entwickelte sich schnell zu intensiven Hassgefühlen gegenüber der Mutter, denn dieser wurde die Schuld am Scheitern der elterlichen Beziehung zugeschrieben. Die Führungskraft glaubte, dass das Unterdrücken von Gesprächen über die Trennung und das Zurückhalten der Emotionen zum aktuellen Leidensdruck geführt hätten. Die Mutter wurde als die Hauptverantwortliche für alle Schwierigkeiten im Leben betrachtet.

Die Führungskraft hatte sich damit in eine Situation hineingesteigert, die einer nüchternen Betrachtungsweise nicht standhielt, jedoch psychologisch in hohem Maße belastend war. Deutlich wird das anhand der Auswirkungen auf die psychologischen Grundbedürfnisse, die offensichtlich nur teilweise erfüllt waren:

- **Autonomie:** Das Nicht-Besprechen der Trennung und das Unterdrücken der eigenen Emotionen beeinträchtigen das Bedürfnis nach Selbstbestimmung und eigenständigem Handeln. Die Führungskraft sehnt sich nach der Fähigkeit, ihre eigenen Gefühle und Bedürfnisse auszudrücken.

- **Zugehörigkeit/Bindung:** Die gestörte Beziehung zur Mutter ist von negativen Gefühlen wie Abneigung und Unverständnis geprägt, was dazu führt, dass sich die Führungskraft isoliert und alleingelassen fühlt. Dieses Gefühl der Abgrenzung beeinträchtigt das Bedürfnis nach positiven sozialen Beziehungen.

- **Selbstwert:** Die Schuldzuweisungen an die Mutter und das Gefühl, Verlassen worden zu sein beeinträchtigen das Bestreben nach Anerkennung. Die Führungskraft sucht nach Möglichkeiten Wertschätzung zu finden.

- **Orientierung/Kontrolle:** Durch die Trennung der Eltern und die fehlende Bereitschaft, darüber zu kommunizieren fühlt sich die Führungskraft überfordert. Dies hat Auswirkungen auf die persönliche Leistungsfähigkeit und die Fokussierung auf Ziele.

- **Lust/Freude:** Die familiäre Situation und negative Emotionen wie Abneigung und Traurigkeit beeinträchtigen positive Emotionen und verhindern Glücksmomente.

Die Analyse der Auswirkungen auf die psychologischen Grundbedürfnisse zeigt, wie Ursachen-Wirkungs-Konstrukte zu Belastungen führen können und sich am Ende in Burnout, Überforderung im Beruf, persönlichen und beruflichen Konflikten äußert.

2. DIE REISE

Zugleich wirft die Analyse Fragen auf: „Wie wahr ist die eigene Realität?", „Gibt es Wahrnehmungsverzerrungen?", „Welche Betrachtungsweise haben andere Beteiligte?" Die Auseinandersetzung mit den fünf psychologischen Grundbedürfnissen zeigt, wie Gedanken, Gefühle und Handlungen uns beeinflussen. Entscheidend sind die Reflexion und die Kenntnis über die Subjektivität von Wahrnehmungen.

Schritt 3: Mit den Gedankenflüsterern in die Selbstreflexion gehen

Dreh- und Angelpunkt für den erfolgreichen Abschluss der zweiten Etappe ist die Selbstreflexion.
Hierbei ist es sehr wichtig, die eigenen Überzeugungen und Denkmuster zu hinterfragen sowie eine aufschlussreiche Biografie-Arbeit durchzuführen.

Begegnung mit Neco, Lisy und Präco

Auf Selbstentdeckung gehen, eine Reise in die Vergangenheit erleben und Überzeugungen erkennen – was sagen hierzu unsere drei Gedankenflüsterer?

 „Ich liebe diese Idee! Ich bin gespannt, was sich da alles finden lässt. Ich werde aus der Vergangenheit alles herausholen, was gut für mich ist. Ich fühle mich großartig!"

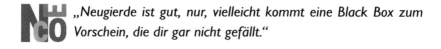 *„Neugierde ist gut, nur, vielleicht kommt eine Black Box zum Vorschein, die dir gar nicht gefällt."*

 „Sieh es doch als Spiel! Stell dir vor, wir gehen zurück und suchen nach Überzeugungen, die uns einschränken. Es ist wie eine Schatzsuche, total spannend! Ich freue mich darauf."

2. DIE REISE

„Ich sehe es nicht als Schatzsuche, sondern eher als Zeitver-schwendung, weil sich Vergangenes nicht ändern lässt.“

„Euer Dialog ist spannend. Es liegt an uns, wie wir damit umge-hen. Die Erkenntnisse können wir als Lerngeschenk betrachten und alles, was wir früher erlebt haben, als Chancen. Ein solcher Rückblick kann ein wertvoller Impulsgeber für die Gegenwart sein.“

„In der Praxis können wir die Vergangenheit zwar nicht physisch ändern, aber es stimmt: Unsere Interpretation des Erlebten können wir durch neue Informationen und Perspektiven verän-dern, so wie es für uns gut ist.“

Wie wirkt dieses Gespräch auf Sie? Fühlen Sie sich gespannt und neugierig?

Ein bewährter Ansatz: Welches Sprichwort passt zu mir?

Eine Hilfestellung bei der Selbstreflexion können Sprichwörter und deren Vergegenwärtigung sein.

„Der Apfel fällt nicht weit vom Stamm"
„Versprochen ist versprochen"
„Hochmut kommt vor dem Fall"

„Was Hänschen nicht lernt, lernt Hans nimmermehr"
„Übung macht den Meister"
„Was du heute kannst besorgen, das verschiebe nicht auf morgen"

„Aller Anfang ist schwer"
„Reden ist Silber, Schweigen ist Gold"
„Wer nicht hören will, muss fühlen"

Sprichwörter und Redensarten werden oft von Generation zu Generation weitergegeben. Sie sind nicht nur Ausdruck von Weisheit, sondern auch pädagogisches Mittel, um bestimmte Verhaltensweisen zu fördern. Von Kindheit an prägen sie unser Sprachverständnis und unsere Wertvorstellungen. Damit verbunden sind Überzeugungen, die uns unterbewusst beeinflussen und womöglich limitierend wirken.

Nehmen wir zum Beispiel das Sprichwort „Aller Anfang ist schwer." Auf welche Limitierungen könnte die darin ausgedrückte Überzeugung hinweisen? Wie kann diese das eigene ICH beeinflussen? Spielen wir hierzu verschiedene Möglichkeiten durch. Zunächst betrachten wir mögliche hinderliche Gedanken unter der Annahme, sich von dem Sprichwort leiten zu lassen.

- Es könnte schwierig sein, sich in neue soziale Gruppen zu integrieren und ich werde vielleicht nicht akzeptiert oder verstanden.

- Innovative Vorhaben sind mit Einschränkungen und Verpflichtungen verbunden, deshalb gehe ich derartige Aktivitäten nur zögerlich oder gar nicht an.

- Bei komplizierten Anfängen bin ich schnell demotiviert und es fehlen mir Freude und Elan weiterzumachen.

Überlegen Sie, ob eine dieser Aussagen möglicherweise auf Sie zutrifft. Bei genauer Betrachtung dieses Sprichwortes, lässt sich im Gegensatz dazu auch viel Positives ableiten:

- Der Beginn neuer Aktivitäten hält für mich viel Inspiration und Innovation bereit - anfängliche Schwierigkeiten motivieren mich in meinem Tun.

- Gerade am Anfang ist es wichtig zu wissen, welche Herausforderungen anstehen und das kommt meinen besonderen Fähigkeiten für Planung und Vorausschau sehr entgegen.

- Anstrengungen zu bewältigen, macht mir großen Spaß, weil ich durch die Überwindung von Hindernissen gestärkter und zufriedener aus den Situationen herausgehe.

Finden Sie sich in einer dieser Aussagen wieder?
Anhand der unterschiedlichen Gedankengänge lässt sich sehr gut erkennen, dass ein „Statement" aus verschiedenen Blickwinkeln betrachtet werden kann.
In der Selbstreflexion ist es somit möglich einzuordnen, mit welchen persönlichen Einstellungen eine Überzeugung belegt ist. Hieraus lassen sich dann mögliche Limitierungen identifizieren.

Wie es bei den Kandidaten weiterging

Erinnern Sie sich an die beiden Kandidaten für den Geschäftsführer-Posten, die ich beurteilen sollte?

Die Gespräche haben ergeben, dass Max einen starken Fokus auf äußeren Erfolg legt und bereit ist, dafür erhebliche Leistungen zu erbringen. Für ihn war die Erkenntnis, dass das „Innere das Äußere" prägt, sehr bereichernd.

Michael hingegen verfügt über ein geringes Selbstvertrauen. Sein Bedürfnis nach Zugehörigkeit zeigte sich darin, dass es ihm sehr wichtig ist, von anderen geschätzt zu werden.

Die Kandidaten waren im nächsten Schritt eingeladen, ihre Lebensgeschichten zu reflektieren, wodurch es möglich wurde Limitierungen zu aufzudecken. Diese Geschichten haben unterbewusst den Weg der persönlichen Entwicklung beeinflusst und sind somit stille Begleiter aus der Vergangenheit.

Kandidat Max: Limitiert durch die Devise des Vaters

Max gab einen nüchternen Einblick in seine Kindheit. Er betonte die Anerkennung seines Vaters für gute Leistungen und dessen prägende Aussage: „Step by step - erst Schritt A, dann B, also eins nach dem anderen. Schnell geht es bei uns nicht. und schon gar nicht erst etwas überspringen."

Nachdem er seine Erzählung beendet hatte, fragte ich ihn, welchen Einfluss dieser Satz auf die ausgeschriebene Position haben könnte. „Das bedeutet, dass ich erst einige andere Führungsebenen durchlaufen sollte, bis ich ganz nach oben komme", antwortete Max, ohne zu zögern.

Bei weiterem Nachfragen erkannte er, dass die Devise seines Vaters, die er bisher als bodenständig empfunden hatte, sowohl eine Licht-, als auch eine Schattenseite hatte. Lachend fügte er hinzu: „Aber es hat auch etwas Positives, denn ein genauer Plan ist zum Beispiel für den Aufbau eines Schrankes nötig. Wissen Sie, mein Vater ist Schreiner und er hat den Satz sicherlich auf seine Konstruktionen bezogen. Allerdings fällt mir jetzt auf, dass ich diese Aussage auf das ganze Leben übertragen habe, ohne näher zu hinterfragen."

Diese Selbsterkenntnis führte zu der Frage, welche Bedürfnisse durch die Lebensweisheit des Vaters eingeschränkt wurden und welche Auswirkungen dies wiederum auf die angestrebte Führungs-position haben könnte.
Es wurde deutlich, dass verschiedene Limitierungen in Bezug auf die fünf psychologischen Grundbedürfnisse auftreten könnten:

- **Autonomie:** Selbstbestimmte Entscheidungen sind deshalb nicht möglich, da das Prinzip „Step by step" eine äußere Vor-gabe darstellt, die verhindert, eigenverantwortlich Entschei-dungen zu treffen die über das kalkulierbare Maß hinausgehen.
- **Zugehörigkeit/Bindung:** Zwischenmenschlichen Beziehungen werden durch mangelnde Spontanität und Flexibilität negativ beeinträchtigt.
- **Selbstwert:** Selbstzweifel und ein geringes Selbstvertrauen in die eigenen Fähigkeiten entstehen dann, wenn intuitives und freies Handeln eingeschränkt werden.
- **Orientierung/Kontrolle:** Die Flexibilität, sich schnell auf ver-ändernde Situationen einzustellen wird durch die verbindliche Einhaltung von Vorgaben und Richtlinien beeinträchtigt.
- **Lust/Freude:** Kreative Aktivitäten und Neugierde gehen ver-loren, wenn zwanghafte methodische Vorgehensweisen einge-halten werden.

2.2 Zweite Etappe – Wie Sie Ihre Limitierungen erkennen

Hier wird deutlich, dass schrittweise und langsame Vorgehensweisen sich begrenzend auf wertvolle Eigenschaften, wie Eigenverantwortlichkeit, Spontanität, Intuition, Flexibilität und Kreativität auswirken können.

Nachdem Max umfangreiche Überlegungen angestellt und sich selbst kritisch hinterfragt hatte, wurde ihm klar, welche Auswirkungen der Satz seines Vaters auf sein Denken und Verhalten hatte.

In Bezug auf das Mind Change Profiling kann die Situation wie folgt beschrieben werden: Max war stark auf das Erreichen äußerer Ziele fokussiert. Durch die Biografie-Arbeit wurde ihm bewusst, wie prägende Kindheitserlebnisse – insbesondere die Maxime seines Vaters „Step by Step" – seine Sichtweise und Handlungen beeinflussen. Max erkannte, wie diese Prägungen ihn unterbewusst steuerten.

Die Erkenntnis und die Notwendigkeit, die eigene Wahrnehmung bewusst zu hinterfragen, waren Schlüsselmomente in seiner Selbstreflexion. Um seine Persönlichkeit weiterzuentwickeln, nahm er sich vor, in seinem Führungsalltag weitere Überzeugungen zu reflektieren. Entspricht die Wirklichkeit meiner eigenen Wahrheit? Inwiefern beeinflusst die Überzeugung meine Wirklichkeit?

Damit hat Max einen entscheidenden Schritt getan. Er wurde sich der Auswirkungen des väterlichen Grundsatzes auf seine Führungspersönlichkeit bewusst und will nun aktiv daran arbeiten, diese einschränkende Überzeugung zu überwinden und sich davon zu befreien.

2. DIE REISE

Kandidat Michael: Limitiert durch Selbstvorwürfe

Michael öffnete sich nach anfänglicher Zurückhaltung schnell und erzählte eine bewegende Geschichte über seinen Großvater.
Als kleiner Junge war er oft bei ihm und mochte ihn sehr. Er fühlte sich dort wohl und geliebt.
Nachdem Michael aus beruflichen Gründen in eine andere Stadt gezogen war, brach der regelmäßige Kontakt ab, es blieb bei einem oder zwei Treffen im Jahr.

Seine beruflichen Verpflichtungen ließen es nicht mehr zu, Zeit mit seinem Großvater zu verbringen, was er sehr bedauerte.

Vor einem halben Jahr rief ihn der Großvater an und sprach folgende Worte auf den Anrufbeantworter: „Ich wollte einfach mal wieder deine Stimme hören und mit dir reden. Weißt du, ich liebe und vermisse dich sehr. Wenn du Zeit hast – melde dich bitte."
Michael versäumte den Rückruf. Zwei Wochen später rief seine Großmutter an und teilte ihm mit, dass sein Großvater gestorben sei. Mit Tränen in den Augen sagte er: „Ich mache mir riesige Vorwürfe, dass ich ihn nicht zurückgerufen habe."

Nach kurzem Schweigen fragte ich ihn, wie er mit diesen Selbstvorwürfen umgehe und wann sie bei ihm aktiv würden. Er überlegte und meinte, in letzter Zeit seien sie ziemlich häufig vorhanden: „Nachts wache ich auf und denke an meinen Opa und ich fühle mich richtig schlecht." Mit traurigem Blick fügte er hinzu: „Das werde ich mir nie verzeihen. Mein Opa war der einzige Mensch, der mich wirklich geliebt hat. Ich bin nicht liebenswert! Ich bin wirklich schlecht."

Diese sehr emotionale Reaktion weist auf Limitierungen hin, die sich auf die angestrebte Führungsposition auswirken können. Deutlich wird das anhand der Analyse in Bezug auf die fünf psychologischen Grundbedürfnisse. Die Aussagen „Ich bin nicht liebenswert." und „Ich werde mir das nie verzeihen." können wie folgt auf diese Bedürfnisse Einfluss nehmen:

- **Autonomie:** Die Fähigkeit, eigenständige Entscheidungen zu treffen ist stark reduziert, da er sich hierbei zu sehr auf scheinbar vertraute Personen verlässt.
- **Zugehörigkeit:** Die Schwierigkeit, enge Beziehungen aufzubauen oder aufrechtzuerhalten wird insbesondere durch seine Selbstvorwürfe untermauert.
- **Selbstwert:** Ein geringeres Selbstwertgefühl wird durch Zweifel an der eigenen Wertigkeit hervorgerufen.
- **Orientierung/Kontrolle:** Die Möglichkeit, sein Leben zu kontrollieren, wird durch das Gefühl, nicht verzeihen zu können, erschwert.
- **Lust/Freude:** Die Reduzierung von Spaß in verschiedenen Lebensbereichen wirkt sich auf das gesamtheitliche Wohlbefinden aus.

Limitierungen wirken auf verschiedene Aspekte des Lebens und insbesondere auf die angestrebte Führungsrolle. Für Michael war es wichtig, diese Muster zu erkennen, denn nur so kann er daran arbeiten, eine positive Veränderung zu erreichen.

Erschwerend wirkt, dass die Situation durch emotional sehr belastende Sätze gekennzeichnet ist, die Michael selbst aktiviert hat. Nachts, im Bett liegend, sieht er das Bild seines Großvaters und macht sich Vorwürfe. Solche immer wieder neu aktivierten Vorstellungen haben das Potenzial, eine Führungspersönlichkeit stark negativ zu beeinflussen.

2. DIE REISE

In Bezug auf das Mind Change Profiling lässt sich festhalten: Bei Michael standen die Beziehungen im Fokus, insbesondere die emotionalen Erlebnisse mit dem geliebten Großvater und die Blockaden, die sich nach dessen Tod entwickelten. Während der Biografie-Arbeit wurden starke Emotionen sichtbar, begleitet von Selbstvorwürfen und Schuldgefühlen, die zu tiefgreifenden Selbstlimitierungen führten: „Ich werde nicht geliebt." und „Ich kann mir das nie verzeihen." Diese Selbstbeschuldigungen in Verbindung mit Schlafstörungen können erheblichen Stress verursachen und die Belastbarkeit im Führungsalltag massiv beeinträchtigen.

Emotionale Belastungen gilt es zu bewältigen, um einen positiven Veränderungsprozess einzuleiten und die mentale Widerstandskraft zu stärken. Die Herausforderung besteht darin, Frieden mit sich zu schließen. Entscheidend ist für Michael, dass er mehr Selbstverantwortung übernimmt und sich verzeiht.

(ⓘ) Blick zurück

Ziel der Etappe: Sie sind nun in der Lage, eigene Überzeugungen und deren Auswirkungen auf Ihren privaten und beruflichen Alltag zu erkennen.

Die Schritte

- *Sich den eigenen Schatten stellen:* Ziel dieses Schritts ist es, die verborgenen und verdrängten Teile der eigenen Persönlichkeit zu erkennen. So lassen sich unterbewusste Glaubenssätze und Ängste verstehen, die das Denken, Fühlen und Handeln beeinflussen.
- *Die Biografie als Spiegel der inneren Haltung nutzen:* Anhand Ihrer Lebensgeschichte identifizieren Sie die prägenden Ereignisse, die Ihr heutiges ICH beeinflussen und auf die Ihre Limitierungen zurückgehen.
- *Mit den Gedankenflüsterern in die Selbstreflexion gehen:* Dieser Schritt dient der aktiven Auseinandersetzung mit sich selbst und der eigenen Limitierungen.

2.3 Dritte Etappe – Limitierungen loslassen oder akzeptieren

Wir alle streben nach Glück, Erfüllung, Zufriedenheit und einem sinnerfüllten Leben. Führungskräfte möchten inspirierende Persönlichkeiten und Vorbild sein, etwas bewegen, Mitarbeitende befähigen, ihre Potenziale zu entfalten. Positive Emotionen wie Stolz, Freude, Liebe und Begeisterung stehen dabei im Mittelpunkt. Während weniger förderliche Emotionen wie Scham, Frustration, Ärger und Wut vermieden werden sollen.

Doch warum fällt es uns oft schwer, diese klaren Absichten in die Tat umzusetzen? Ein Dilemma, das viele von uns betrifft. Die scheinbar einfachen Ausreden, wie äußere Hindernisse, Zeitmangel oder fehlende Energie verbergen oft das ursächliche Problem der unterbewussten Denkweisen, die uns steuern. Die nötige Konsequenz ist, dass wir uns bewusst mit den eigenen Überzeugungen auseinandersetzen und diese analysieren, um den Weg für eine erfolgreiche Transformation zu ebnen.

Willkommen zu einer faszinierenden Etappe unserer Reise, auf der wir unsere eigenen Grenzen ausloten!
Im Fokus steht das Erkennen der Emotionen, die mit unseren Überzeugungen verbunden sind. Hierbei finden wir heraus, ob sie für unser Streben nach Glück, Erfüllung und einem sinnvollen Leben förderlich oder hinderlich sind. So sind wir in der Lage zu erkennen, welche Denkweisen für uns derart einschränkend sind, dass wir diese loslassen wollen und durch andere, günstigere überschreiben.

Dies geschieht in drei Schritten:
Zunächst werden Sie Ihre in der zweiten Etappe identifizierten Glaubenssätze bewusst emotionalisieren, um somit deren Folgen richtig einzuschätzen. Auf dieser Grundlage werden die Begrenzungen in Form von Limitierungen herausgearbeitet. Dabei entscheiden Sie, von welchen Limitierungen Sie sich trennen wollen.

Schritt 1: Glaubenssätze emotionalisieren

Warum sollten wir uns darauf einlassen, unsere Glaubenssätze bewusst zu emotionalisieren? Die Antwort liegt in der Erkenntnis, dass Emotionen tief verwurzelte Überzeugungen verstärken. Indem wir uns aktiv mit diesen Gefühlen auseinandersetzen, entscheiden wir, ob wir mit ihnen leben wollen oder nicht. „Glaubenssätze emotionalisieren" bedeutet, sich der gefühlsmäßigen Aspekte persönlicher Überzeugungen bewusst zu machen. Hierzu werden bestimmte Denkmuster und die damit verbundenen Gefühle verstärkt und bewusst erlebt.

Wir begeben uns auf eine erkenntnisreiche Reise zur Selbstentdeckung. Dabei erfahren wir, welchen förderlichen oder hemmenden Emotionscocktail wir in uns tragen.

An den vier folgenden klassischen Beispielen aus dem Führungsalltag wird deutlich, wie es gelingt, eine Limitierung zu emotionalisieren.

2. DIE REISE

Führungskraft Simon – Glaubenssatz: „Ich bin nicht gut genug."

Simon, 38 Jahre alt, ist ein erfahrener Entwicklungsingenieur in einem mittelständischen Unternehmen und seit einem Jahr Teamleiter. Er ist verheiratet und Vater von zwei Kindern, hat ein solides Familienleben und präsentiert sich als zurückhaltende, wenig selbstsichere und nachdenkliche Persönlichkeit.

Entschlossen, sich weiterzuentwickeln, strebt Simon danach, seine persönlichen Limitierungen zu überwinden. Sein Ziel ist klar: eine verbesserte Selbstführung und dadurch eine gesteigerte Außenwirkung.

Die Überzeugung, der Simon sich nun stellen wollte, lautete: „Ich bin nicht gut genug." Rückblickend auf sein Leben erinnerte er sich an Situationen, die mit diesem Glaubenssatz verbunden waren. Dabei kam eine schmerzhafte Realität aus seiner Kindheit zum Vorschein: Seine Schwester wurde immer für ihre Offenheit und Freundlichkeit gelobt, über ihn wurde jedoch recht wenig gesprochen. Ein tiefes Gefühl von Traurigkeit und Enttäuschung begleitete Michael, getragen von der Frustration darüber, dass er die Liebe seiner Eltern offenbar nicht erhalten hatte.

Es gibt noch einige weitere Geschichten, die seine Überzeugung „nicht gut genug zu sein" emotionalisierten. Die damit verbundenen intensivsten Emotionen waren Scham, Wut und Enttäuschung.

Mit dem Rückblick auf sein Leben hat Simon den Glaubenssatz emotionalisiert. Er ist zu dem Schluss gekommen, dass die gefühlsmäßigen Belastungen, die diese Begrenzung hervorruft, für ihn schädlich sind. Seine Entschlossenheit, eine Veränderung herbeizuführen, ist enorm gewachsen.

Führungskraft Franz – Glaubenssatz: „Vertrauen muss man sich verdienen."

Franz, 39-jähriger Vertriebsleiter in einem Industriekonzern ist seit zwei Jahren in einer Führungsverantwortung für 500 Mitarbeitende. Er ist geschieden und hat ein Kind aus erster Ehe.
Obwohl Franz äußerlich selbstbewusst und präsent wirkt, liegt eine tiefe Verletztheit in seinem Gesicht und seinen Augen. Seine Überzeugung lautet: „Vertrauen muss man sich verdienen."
Tief in seiner Erinnerung verbarg sich eine schmerzhafte Erfahrung, die seine Überzeugungen und sein Vertrauen nachhaltig beeinflusste: Seine Eltern, die stets eine „heile Welt" vorspielten, waren in Wirklichkeit in einem Netz von Lügen gefangen.

Mit 15 Jahren erfuhr Franz von der langjährigen Affäre seiner Mutter zu einem anderen Mann. Sein Vater wusste Bescheid und hat hierzu keine Stellung bezogen. Das vorhandene Vertrauen zerbrach in diesem Moment der Wahrheit und das hinterließ Narben, die sich tief in seine Überzeugungen eingruben. Seine grundsätzliche Einstellung zum Thema Vertrauen wurde dadurch nachhaltig negativ beeinflusst. Durch die Erinnerung kam es ihm vor, als wäre es gerade erst passiert und das holte die Vergangenheit direkt in die Gegenwart. Der Schmerz fühlte sich so lebendig an, als wäre die bittere Wahrheit gerade erst enthüllt worden. Wieder durchströmte ihn eine Welle von Wut und Verbitterung, als würde das Erlebte vor seinen Augen noch einmal Gestalt annehmen.

Indem Franz seinen Glaubenssatz auf diese Weise emotionalisierte, erkannte er, dass dieser nicht nur die Beziehung zu seinen Eltern beeinträchtigt hatte, sondern auch zu einer unharmonischen Ehe führte. Aufgrund dessen, dass dadurch auch seine Interaktion mit Mitarbeitenden beeinflusst wird, kommt er zu dem Schluss, an dieser Einschränkung zu arbeiten.

2. DIE REISE

Führungskraft Ellen – Glaubenssatz: „Ich bin machtlos gegenüber den äußeren Umständen."

Ellen, Leiterin Qualitätsmanagement in einem mittelständischen Unternehmen, 45 Jahre alt, sehr korpulent, verheiratet, drei Kinder im Alter zwischen 7 und 16 Jahren.
Sie strahlt Gemütlichkeit und Offenheit aus, ihre Selbstüberzeugung, basierend auf der familiären Herkunft, lautet: „Bei uns sind alle dick."

Persönliches Ziel ist es, im Führungsalltag eine bessere Beziehung zu ihren Mitarbeitenden zu schaffen und ihnen durch klare Entscheidungen mehr Sicherheit zu geben.

Ihre Erzählung offenbarte Einblicke in ihre Gefühlswelt. Ellen sprach über die Kindheit und finanzielle Not, die ihre Familie prägte. In trostlosen Zeiten kaufte ihre Mutter Schokolade, dies war ein kleiner Luxus, der die Situation zumindest kurzzeitig erleichtern sollte. Die Mutter betonte stets, dass man trotz der Armut etwas hatte, worüber man sich freuen konnte und das allen schmeckte.

Bei dieser bewegenden Erinnerung spürte Ellen tief in sich hinein und erkannte, dass sie sich trotz der schweren Zeiten wohl fühlte und darüber freute, etwas Verbindendes und Gutes zu haben: „In diesen Momenten war die Familie vereint und eine Welle des Wohlbefindens und der Geborgenheit durchströmte uns alle", erinnerte sie sich.

Ellen erkannte, dass sie zwar positive Kindheitserinnerungen hatte, jedoch im aktuellen Führungsalltag und auch im privaten Umfeld Probleme vorhanden sind. Die Überzeugung „bei uns sind alle dick" beunruhigt sie und stellt sie vor die Frage, ob das wirklich so sein muss.

Aufgrund dessen möchte sie sich neue Denkweisen erarbeiten.

Führungskraft Katharina – Glaubenssatz: „Keiner hilft mir."

Katharina, 52 Jahre, verheiratet, drei erwachsene Kinder, seit neun Jahren Personalleiterin in einem mittelständischen Dienstleistungsunternehmen, ist sehr kommunikativ und einnehmend.

Ihre Überzeugung „Keiner hilft mir." manifestiert sich im Vergleich mit anderen, denen ihrer Meinung nach geholfen wird und äußert sich in Selbstmitleid. Katharina hat sich deshalb zum Ziel gesetzt, dass sie ihre Mitmenschen besser versteht und mehr unterstützt.

Als Katharina auf ihr berufliches Leben zurückblickte, schoss ihr sofort eine frustrierende Erinnerung in den Kopf. In einer beruflich schwierigen Situation öffnete sie sich einem der beiden Geschäftsführer, dem sie wirklich vertraute. Sie äußerte ihre Vorbehalte und Abneigung gegenüber dem Mitgeschäftsführer und hoffte auf Unterstützung. Stattdessen wurde Katharina am nächsten Tag zu einem Treffen mit den Geschäftsführern gerufen und erhielt einen Aufhebungsvertrag.

Gefühle von Enttäuschung, Frustration und Wut überkamen sie erneut, als sie an diese Begebenheit zurückdachte.

Indem Katharina ihre Überzeugung „Keiner hilft mir." emotionalisiert, wird ihr klar, wie sehr die damit verbundenen Emotionen ihre Ziele behindern.

2. DIE REISE

Anleitung für die Emotionalisierung Ihrer Glaubenssätze

Wenn Sie als Führungskraft Ihre persönlichen Limitierungen überwinden und sich weiterentwickeln möchten, wird ein Notizbuch
für Ihre „Mind Change Journey" ein wertvolles Instrument sein. Es
kann Ihnen auf dieser Reise immer wieder dabei helfen, sich Ihrer
Gedanken bewusst zu werden und Klarheit über die aktuelle Situation zu gewinnen. In dieser Etappe ermöglicht Ihnen das Tagebuch,
sich tiefgreifend mit Ihren Überzeugungen auseinanderzusetzen und
deren emotionale Wirkungen zu erfassen.

Wie können Sie vorgehen, um Ihre Begrenzungen zu emotionalisieren?
Listen Sie zunächst die in Etappe 2 identifizierten Überzeugungen in
Ihrem Tagebuch auf. Gehen Sie dann bei jeder von ihnen wie folgt vor:

1. *Eintauchen in die Erinnerung:* Verbinden Sie Betrachtungsweise mit
   spezifischen Erinnerungen und Geschichten aus Ihrem Leben so, wie
   es die vier Führungskräfte in den Beispielen getan haben. Schreiben
   Sie auf, wie diese Erfahrungen Sie emotional geprägt haben.

2. *Emotionale Verarbeitung:* Konzentrieren Sie sich auf die Emotionen, die mit der Erinnerung besonders verbunden sind. Spüren
   Sie die Gefühle, die nun erneut auftauchen, um Ihre Glaubenssätze zu erfassen und zu durchleuchten.

3. *Erkennen der Ursachen:* Durch das Aufnotieren und Reflektieren Ihrer Erlebnisse, die Sie besonders geprägt haben, kristalli-
   sieren sich die Ursachen der Überzeugung heraus.

4. *Fokus auf Veränderung:* Mit dem Erkennen der Auslöser erhalten Sie bereits Klarheit über die Aspekte, die Sie verändern
   möchten. Das ist ein wichtiger Schritt auf Ihrem Weg zur persönlichen Weiterentwicklung.

Hinweis des Mind Change Profilers

Bei der Emotionalisierung von Lebens-Ereignissen handelt es sich um einen Prozess, der ein einziges Mal durchlaufen wird. Er hat das Ziel, Klarheit über mögliche Limitierungen zu erhalten. Das Eintauchen in die Vergangenheit ist somit lediglich einmal erforderlich, damit in der Folge dieses Erlebnis und die damit verbundenen Emotionen losgelassen werden können.

Oft wird dazu geneigt, negativ prägende Erlebnisse aus der Vergangenheit zu benutzen, um gegenwärtige Probleme zu rechtfertigen.
Jedoch bewirkt die wiederholte Betonung bestimmter Situationen oft das Gegenteil: Anstatt eine Veränderung herbeizuführen, werden die neuronalen Verbindungen, die festgefahrene Überzeugungen und Verhaltensmuster unterstützen, verstärkt.

Schritt 2: Limitierungen bewerten

Nachdem Sie Ihre Überzeugungen gründlich kennengelernt haben, gilt es nun, jede systematisch zu bewerten:

- Welches Erlebnis oder welche Situation hat mich besonders geprägt?
- Wie belastend habe ich dies empfunden?
- Welche Gedanken und Emotionen habe ich in der Situation verspürt und sind jetzt noch präsent?
- Welcher Glaubenssatz hat sich daraus entwickelt?
- Welche Limitierung wurde in der Folge in mir verankert?

Auf Grundlage dieser Bewertung können Sie dann entscheiden, welche hinderlichen Gedanken Sie auf jeden Fall aus Ihrem Mind-Set entfernen wollen.

Das Instrument für die Bewertung ist die Bilanz der Emotionen. Sie ermöglicht eine Skalierung der Gefühle, welche durch Erinnerungen und Triggerpunkte ausgelöst werden. Indem Sie die gefühlsbetonten Reaktionen auf Ihre Überzeugungen reflektieren, erhalten Sie Einblick in deren Auswirkungen auf Ihr Wohlbefinden.

Simon: „Ich bin nicht gut genug."

Simon geht systematisch vor, indem er einen Blick in seine Kindheit wirft, um die Ursprünge seiner Begrenzungen zu verstehen. Schnell stößt er auf die schmerzhafte Realität, dass seine Schwester mehr Lob erhielt und er sich nicht als ausreichend geliebt fühlte.

Erlebnis / Situation	Es war eine schmerzhafte Realität, dass meine Schwester mehr Lob erhielt und ich mich nicht als ausreichend geliebt empfand.
Belastung (sehr hoch, hoch, mittel, gering, sehr gering)	sehr hoch
Emotion / Gedanken	Trauer und das Gefühl, zurückgesetzt worden zu sein
Glaubenssatz / Überzeugung	Ich bin nicht gut genug.
Limitierung	Ich kann tun, was ich will, es wird nie reichen. Deshalb fällt es mir schwer, flexibel zu reagieren.

(Abbildung 2: Bilanz der Emotionen - Simon)

2. DIE REISE

Nun reflektiert Simon noch einmal seine Erlebnisse. Im Notizbuch hält er fest, wie sich die Emotionalisierung dieses Lebensereignisses auswirkt:

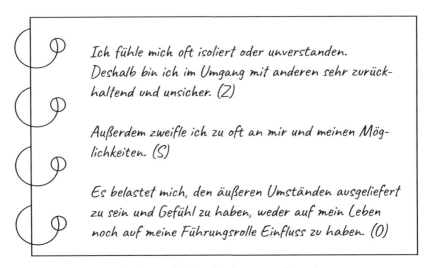

Ich fühle mich oft isoliert oder unverstanden. Deshalb bin ich im Umgang mit anderen sehr zurückhaltend und unsicher. (Z)

Außerdem zweifle ich zu oft an mir und meinen Möglichkeiten. (S)

Es belastet mich, den äußeren Umständen ausgeliefert zu sein und Gefühl zu haben, weder auf mein Leben noch auf meine Führungsrolle Einfluss zu haben. (O)

(Abbildung 3: Notizbucheintrag - Simon)

Franz: „Vertrauen muss man sich verdienen."

Auch Franz ruft sich ein einschneidendes Erlebnis ins Gedächtnis. Mit 15 Jahren erfuhr Franz von der langjährigen Affäre seiner Mutter und dem Wissen seines Vaters darüber, ohne, dass dieser eingriff. Das Verhalten seiner Eltern bewirkte einen Vertrauensverlust.

Erlebnis / Situation	Die Eltern waren nicht ehrlich. Meine Mutter hat meinen Vater betrogen und er hat es sogar gegenüber der Außenwelt „gedeckt".
Belastung (sehr hoch, hoch, mittel, gering, sehr gering)	sehr hoch
Emotion / Gedanken	Wut und Enttäuschung
Glaubenssatz / Überzeugung	Vertrauen muss man sich verdienen.
Limitierung	Ich vertraue niemandem, egal in welchem Zusammenhang, deshalb kontrolliere ich auch alles.

(Abbildung 4: Bilanz der Emotionen – Franz)

2. DIE REISE

Um seine Gedanken zu analysieren, macht Franz Eintragungen in das Notizbuch, um herauszufinden, wie sich die Emotionalisierung der Limitierung auswirkt.

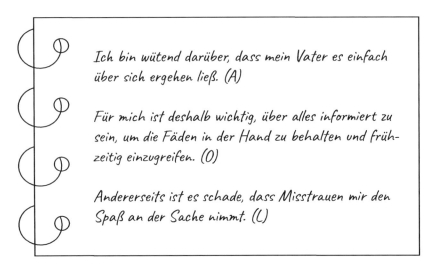

Ich bin wütend darüber, dass mein Vater es einfach über sich ergehen ließ. (A)

Für mich ist deshalb wichtig, über alles informiert zu sein, um die Fäden in der Hand zu behalten und frühzeitig einzugreifen. (O)

Andererseits ist es schade, dass Misstrauen mir den Spaß an der Sache nimmt. (L)

(Abbildung 5: Notizbucheintrag – Franz)

Ellen: „Ich bin machtlos gegenüber den äußeren Umständen."

Auch Ellen denkt darüber nach, was sie sehr geprägt hat. Hierbei erinnert sie sich an die finanzielle Not ihrer Familie und daran, dass ihre Mutter dennoch Schokolade kaufte – ein kleiner Luxus, der zumindest kurzzeitig Erleichterung bringen sollte.

Erlebnis / Situation	Einerseits wusste ich, dass wir wenig Geld hatten, andererseits hatte meine Mutter jedoch alles dafür getan, dass wir uns wohlfühlten.
Belastung (sehr hoch, hoch, mittel, gering, sehr gering)	mittel
Emotion / Gedanken	Wehmut und Liebe
Glaubenssatz / Überzeugung	Ich bin machtlos gegenüber den äußeren Umständen.
Limitierung	Ich kann Tatsachen und Situationen nicht ändern, weil ich nicht genug Einfluss habe. Deshalb nehme ich Dinge einfach hin.

(Abbildung 6: Bilanz der Emotionen – Ellen)

2. DIE REISE

Auch Ellen überlegt, wie sich das Erlebte auswirkt. Sie schreibt in ihr Notizbuch:

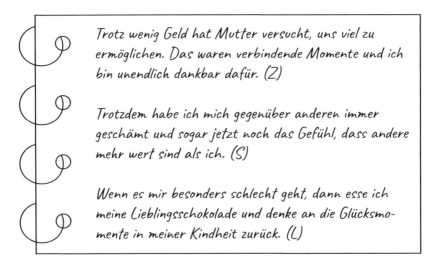

Trotz wenig Geld hat Mutter versucht, uns viel zu ermöglichen. Das waren verbindende Momente und ich bin unendlich dankbar dafür. (Z)

Trotzdem habe ich mich gegenüber anderen immer geschämt und sogar jetzt noch das Gefühl, dass andere mehr wert sind als ich. (S)

Wenn es mir besonders schlecht geht, dann esse ich meine Lieblingsschokolade und denke an die Glücksmomente in meiner Kindheit zurück. (L)

(Abbildung 7: Notizbucheintrag – Ellen)

Katharina: „Keiner hilft mir."

Katharina kann sich mühelos an ein sehr einschneidendes Erlebnis erinnern. Nachdem Sie sich mit ihren Sorgen einem Geschäftsführer anvertraut hatte, erhielt sie kurz darauf die Kündigung.

Erlebnis / Situation	Ich habe Hilfe gesucht und wurde enttäuscht.
Belastung (sehr hoch, hoch, mittel, gering, sehr gering)	sehr hoch
Emotion / Gedanken	Frustration und Hilflosigkeit
Glaubenssatz / Überzeugung	Keiner hilft mir.
Limitierung	Wenn ich meinem Vorgesetzten ausgeliefert bin, dann mache ich es mit meinen Mitarbeitenden genauso. Deshalb habe ich kein schlechtes Gewissen dabei, auch mal ungerecht zu sein.

(Abbildung 8: Bilanz der Emotionen – Katharina)

2. DIE REISE

Nachdem sie sich intensive Gedanken gemacht hat, hält sie in ihrem Notizbuch fest:

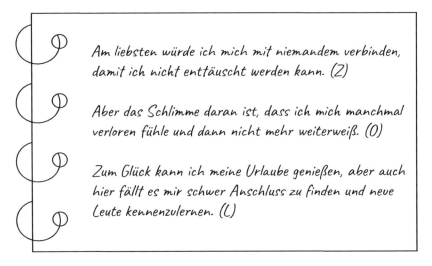

Am liebsten würde ich mich mit niemandem verbinden, damit ich nicht enttäuscht werden kann. (Z)

Aber das Schlimme daran ist, dass ich mich manchmal verloren fühle und dann nicht mehr weiterweiß. (O)

Zum Glück kann ich meine Urlaube genießen, aber auch hier fällt es mir schwer Anschluss zu finden und neue Leute kennenzulernen. (L)

(Abbildung 9: Notizbucheintrag – Katharina)

Hinweis des Mind Change Profilers

Bei der Bewertung der Emotionen, die durch bestimmte Lebensereignisse hervorgerufen werden, bilden sich Erkenntnisse über daraus resultierende Glaubenssätze.

Je emotionaler Situationen bewertet werden, desto intensiver werden die neuronalen Verknüpfungen zwischen dieser Situation und den zugehörigen Emotionen.

Daher werden in vertrauten Mustern oftmals Lösungen angewendet, die nicht unbedingt der aktuellen Problemstellung zuzuordnen sind.

Spezifische Situationen genauer zu betrachten, schriftlich zu bewerten und sich der eigenen Bedürfnisse bewusst zu werden eröffnet Chancen, sich von Belastendem zu lösen und sich weiterzuentwickeln. Nur so ist es auch möglich bereits bestehende Limitierungen in den Hintergrund zu drängen und durch neue förderliche Denkweisen zu ersetzen.

Die Einträge der vier Führungskräfte in ihren Notizbüchern verstehen sich als „Mind Change Journey", da sich durch das Bewusstmachen von Denkweisen in Bezug auf die psychologischen Grundbedürfnisse Möglichkeiten zur Veränderung eröffnen.

Der Leser kann die Verbindung mit dem jeweiligen psychologischen Grundbedürfnis nachvollziehen, indem die (Klammer) am Ende der jeweiligen Aussage im Notizbuch entschlüsselt wird.

Raum für eigene Gedanken finden Sie in der untenstehenden Tabelle:

Erlebnis / Situation	
Belastung (sehr hoch, hoch, mittel, gering, sehr gering)	
Emotion / Gedanken	
Glaubenssatz / Überzeugung	
Limitierung	

(Abbildung 10: Bilanz der Emotionen)

Schritt 3: Loslassen oder behalten?

Nun entscheiden Sie, wie Sie mit der betreffenden Limitierung verfahren wollen. Möchten Sie diese loslassen, erfordert das, sich aktiv mit ihr auseinanderzusetzen und bereit zu sein, einen Veränderungsprozess einzuleiten. Dieser Schritt markiert den Beginn eines Prozesses, der persönliches Wachstum ermöglicht.

Der nun folgende Schritt besteht darin, auf der Grundlage der erstellten Emotionsbilanz Prioritäten zu setzen und zu entscheiden, inwieweit die Limitierung Ihr Leben am meisten beeinflusst.
Werfen wir nun einen Blick auf die Entscheidungsprozesse der einzelnen Führungskräfte.

Wie sich Simon entscheidet

Zu welchem Ergebnis gelangt Simon bei der Bewertung seiner Limitierung.
Limitierung:
„Ich kann tun, was ich will, es wird nie reichen. Deshalb fällt es mir schwer, flexibel zu reagieren."

Simon wurde sich dessen bewusst, dass ihn diese Limitierung belastet und einschränkt. Somit entschied er, sich von dieser zu trennen. Auf dem Weg zur Entscheidung ist er in sich gegangen und hat aus verschiedenen Perspektiven versucht zu bewerten sowie auf dieser Basis einen nachhaltigen Rückschluss zu ziehen.

Franz setzt sich mit seinen Gedanken auseinander

Franz, trug die Überzeugung in sich, dass man sich Vertrauen verdienen muss.
Limitierung:
*„Ich vertraue niemand, egal in welchem Zusammenhang, deshalb kont-
rolliere ich auch alles."*

Auch Franz hat sich nochmals intensiv mit der Situation seiner
Eltern auseinandergesetzt und mithilfe eines Perspektivwechsels
versucht, mehr Verständnis für die scheinbaren Lügen aufzubringen.

Das Auseinandersetzen mit den Gedanken spiegelt sich im inneren
Dialog wider.

*„Ist es nicht denkbar, dass es
mehrere Wahrheiten gibt?"*

„Was kann damit gemeint sein?"

*„Na, könnte es nicht sein,
dass meine Eltern mich nicht
informiert haben, weil sie mich
schützen wollten?"*

*„Was daran Schutz sein soll, ist
mir aber echt unverständlich."*

*„Vielleicht handelten sie so,
damit ich unbeschwert leben
konnte und sie wollten nur mein
Bestes."*

„Oh je, das habe ich befürchtet, denn so etwas Ähnliches haben sie mir auch immer gesagt. Aber ist es nicht furchtbar, dass sie nie offen und ehrlich zu mir waren?"

„Was wäre, wenn ich das nur deshalb erbärmlich finde, weil ich erkannt habe, dass Mutter sich die Freiheit für eine fremde Beziehung nahm und Vater nicht."

„Das ist wirklich schräg, denn ich habe mich tatsächlich darüber aufgeregt, dass mein Vater nicht genauso gehandelt hat. Er hätte sich doch die Freiheit nehmen können, entweder auch eine andere Beziehung zu suchen oder sich zu trennen. Das war eine vertane Chance."

„Weshalb könnten meine Eltern sich denn so verhalten haben?"

„Jetzt wird mir klar, dass meine Mutter sehr lebensfroh und mein Vater kompliziert war. Irgendwie sind sich die beiden heute aber immer noch einig und weiterhin ein harmonisches Paar. Mittlerweile verstehe ich warum."

2. DIE REISE

Die Erkenntnis, dass seine Eltern glücklich waren und immer noch sind, macht ihn nachdenklich. So fällt es Franz leicht, sich gegen seine Limitierung zu entscheiden. Stattdessen will er seine emotionale Intelligenz weiterentwickeln, um seine Mitarbeitenden besser verstehen und führen zu können. „Ich muss lernen, toleranter zu sein und zu erkennen, wem was wichtig ist", lautete seine Entscheidung.

Wie sich Ellen entscheidet

Ellen empfindet das sehr einschränkende Gefühl, wenig Einfluss auf äußere Umstände zu haben.

Limitierung:
„Ich kann Tatsachen und Situationen nicht ändern, weil ich nicht genug Einfluss habe. Deshalb nehme ich Dinge einfach hin."

In ihren Überlegungen fühlte sich Ellen sehr unsicher und konnte keine klare Position beziehen, inwieweit sie sich von der Limitierung trennen wollte oder konnte. Möglicherweise ist ein gewisses Gefühl von Resignation und das Aufgeben an sich selbst zu arbeiten, die Ursache dafür, dass Ellen die Herausforderung eines Umdenkens nicht annehmen wollte.

Katharina entscheidet sich

Basierend auf das dramatische Ereignis der Kündigung bildete sich der Glaubenssatz „Keiner hilft mir."

Limitierung:
„Wenn ich meinem Vorgesetzten ausgeliefert bin, dann mache ich es mit meinen Mitarbeitenden genauso. Deshalb habe ich kein schlechtes Gewissen dabei auch mal ungerecht zu sein."

Sie setzte sich intensiv mit ihren negativen Gefühlen auseinander und wollte auch die Frage klären, ob sie eine gewisse Mitschuld trägt. Daraus entwickelte sich ein innerer Dialog:

„Was wäre, wenn ich mit meinen Vorwürfen gegen den Mitgeschäftsführer an ihn selbst herangetreten wäre? Möglicherweise habe ich ihm etwas unterstellt, das nur in meiner eigenen Wahrnehmung existierte."

„Aber ich muss zugeben, dass ich mich dem anderen Geschäftsführer in der Hoffnung anvertraut habe, dass er mir helfen würde. Doch genau das Gegenteil war der Fall. Und so ist es immer, egal mit wem ich es zu tun habe. Alle wenden sich gegen mich und brechen den Kontakt ab."

„Wie häufig habe ich denn um Feedback gebeten, um zu wissen, ob ich etwas an mir selbst ändern könnte?"

„Die haben mir normal schon selbst gesagt, wenn etwas nicht stimmt. Wer mich nicht so mag, wie ich bin, bleibt eben weg."

„Erinnere ich mich noch an mein Ziel? Ich wollte, dass mich meine Mitmenschen besser verstehen und unterstützen. Aber habe ich mich jemals dafür interessiert, was meine Mitmenschen benötigen?!"

„Stimmt, darüber habe ich mir nie wirklich Gedanken gemacht. Niemals habe ich versucht, verständnisvoll zu sein. Das ist furchtbar und ich muss das dringend ändern."

Damit hatte sich Katharina entschieden, ihre Limitierung loszulassen, auch wenn das intensive Arbeit an sich selbst bedeutet.

Anleitung für Ihre Entscheidung

Um eine Limitierung loszulassen, sollte zunächst die Rolle dieser in Ihrem Leben definiert werden. Sobald Sie feststellen, von dieser stark negativ beeinflusst zu werden, wird es Zeit umzudenken.

Gehen Sie wie folgt vor:

1. *Rückgriff auf Ihre Emotionsbilanz:* Gewinnen Sie Klarheit über die förderliche oder hinderliche Natur Ihrer Emotionen im Hinblick auf Ihre persönliche Entwicklung und Ziele. Erkennen Sie, dass jegliche Form von negativen Emotionen toxisch ist und Ihr Verhalten beeinträchtigt.

2. *Reflexion:* Hinterfragen Sie kritisch, ob die erlebten Situationen wirklich so stattgefunden hatten, wie Sie diese in Erinnerung haben.

3. *Perspektivwechsel:* Überlegen Sie, wie andere in diesen Schlüsselmomenten diese Situationen wahrgenommen haben könnten.

4. *Gründe der anderen:* Untersuchen Sie, welche Gründe die anderen für ihr Verhalten gehabt haben könnten. Versuchen Sie, Verständnis für deren Standpunkt zu entwickeln.

5. *Psychologische Grundbedürfnisse:* Identifizieren Sie, welche Bedürfnisse für Sie heute von Bedeutung sind und wie die Limitierung diese einschränkt.

6. *Konsequenzen der Limitierung:* Überlegen Sie, was im ungünstigsten Falle mit Ihrem Denken, Fühlen und Handeln passieren könnte, wenn Sie die Limitierung behalten.

7. *Zukunftsvision:* Halten Sie schriftlich fest, was Sie beispielsweise in zehn Monaten über Ihr Leben sagen wollen. Welche Veränderungen streben Sie an?

 Hinweis des Mind Change Profilers

Sehr häufig entstehen begrenzende Überzeugungen aufgrund Prägungen in den verschiedenen Lebensphasen. Wenn diese ungeprüft übernommen werden, münden sie in Limitierungen, die das Verhalten im privaten und beruflichen Bereich steuern. Um diese Limitierungen zu erkennen ist es wichtig zu dokumentieren, welche Erlebnisse nicht förderliche Emotionen ausgelöst und welche konkreten Glaubenssätze sich daraus gebildet haben.
Der Einfluss einer Limitierung auf die eigene Persönlichkeit und Mitarbeiterführung ist die Grundlage für die Entscheidung, ob diese losgelassen werden muss.

Die Meinung unserer drei Gedankenflüsterer

Neco, Lisy und Präco diskutieren, warum es für manche Menschen einfacher ist, sich von einer Limitierung zu lösen, während es anderen schwerer fällt.

 „Bewerten und dann entscheiden. Es ist für mich logisch, dass ich nur positive Gedanken haben möchte, die mich voranbringen."

„Ja, deshalb will ich auch nur positive Gefühle haben, weil mir diese gut tun. Wenn ich eine Limitierung hätte, würde ich sie sofort in den Wind schießen."

 „Genau, das ist die richtige Grundeinstellung. In Zukunft sollte sich niemand mit Negativem aus der Vergangenheit beschäftigen müssen. Dennoch ist es wichtig zu verstehen, dass es nicht einfach ist, aus der eigenen Haut zu schlüpfen."

 „Ja, denn dafür muss man sich erst einmal mit sich selbst auseinandersetzen und ehrlich sein."

 Hinweis des Mind Change Profilers

Jede Perspektive gestaltet eine eigene Realität und Wahrheit. Die Erkenntnis, dass die Dinge nicht immer so sind, wie sie erscheinen, ermöglicht einen gelasseneren Umgang mit belastenden Erfahrungen und Emotionen.

Besonders wichtig ist es zu verstehen, dass Limitierungen die Entscheidungen im Führungsalltag erheblich beeinflussen können. Die Auswahl einer Option wird oft von unterbewussten Emotionen und Erfahrungen gelenkt. Deshalb erreichen Führungskräfte, die sich aktiv von negativen Limitierungen trennen, eine höhere emotionale Intelligenz, die gesamtheitlich zu mehr Erfolg und Zufriedenheit führt.

Wie es bei den Kandidaten weiterging

Auch unsere beiden Kandidaten Max und Michael erhielten die Gelegenheit, sich ihren Emotionen in Verbindung mit ihren Limitierungen zustellen, diese zu bewerten und letztendlich zu entscheiden, welche sie loslassen oder mit welchen sie weiterhin leben wollten. Gleichzeitig sollten sie sich dessen bewusst werden, welche Bedürfnisse für sie in der aktuellen Lebenssituation am wichtigsten waren.

Max: Die Macht der Emotionen nutzen

Max freute sich überhaupt nicht auf die Emotionalisierung, das hätte er gerne vermieden. Doch ihm war bewusst, dass seine Limitierung auch andere Bereiche seines Lebens beeinflussen konnte. Also überwand Max seinen eigenen Schatten und stellte sich seinen Emotionen – zumal ihm hier seine eigene Limitierung sogar entgegenkam: „Step by step, eins nach dem anderen."
Zunächst war wichtig, sich bewusst zu machen, in welchen Lebensbereichen diese Limitierung noch wirken könnte. Das fiel Max überraschend leicht und es sprudelte nur so aus ihm heraus: „In der Karriere geht es auch Schritt für Schritt, ich kann kein Überflieger sein. Privat werde ich erst heiraten und danach in die Kinderplanung gehen. Im Arbeitsalltag kümmere ich mich erst um die aktuell anstehende Aufgabe, andere Anfragen müssen warten."

Zunächst war es wichtig, ein konkretes Erlebnis zu finden und dieses zu emotionalisieren. So erzählte er, wie seine Einstellung „erst Haus, dann Heirat und erst danach ein Kind" zur Trennung von seiner langjährigen Lebensgefährtin führte. Ein weiteres Erlebnis illustriert, wie negativ sich die Einstellung „step by step" im Berufsalltag auswirkte. Als sein Unternehmensbereich für einen Kunden fünf Projekte parallel managen musste, fühlte Max sich extrem gestresst:

„Ich wurde in dieser Zeit als ungenießbar wahrgenommen", gestand er. „Eigentlich wurde mir da auch klar, dass meine Arbeitsweise in so komplexen Situationen, wie sie heute immer öfter vorkommen, nicht funktioniert."

In dem Gespräch erkannte Max, welche Auswirkung die Limitierung auf seine verschiedenen Lebensbereiche hat. „Das hätte ich nie gedacht. Und das Schlimme daran ist, dass ich mir diesen Lebensgrundsatz ja selbst auferlegt habe! Die Vorgabe "Schritt für Schritt" kostet mich unendlich Zeit und verursacht großen Stress, so dass ich auch für mein Umfeld unausstehlich werde." Mit einem Schmunzeln fügte er hinzu: „Ich hätte nie gedacht, dass die Beschäftigung mit der eigenen Persönlichkeit so wichtig für den Erfolg im Leben ist."

Für Max war damit klar: Die Limitierung wollte er über Bord werfen.

„Ich muss umdenken, aber in welche Richtung? Vielleicht sollten Rationalität und Emotionalität bei mir besser zusammenspielen. So kann ich besser mit Komplexität umgehen und fühle mich meinen Aufgaben mehr gewachsen."

Hinweis des Mind Change Profilers

Im Kontext des Mind Change Profilings lässt sich die Situation wie folgt beschreiben: Max zeichnet sich durch Sachlichkeit und Analytik aus. Die Emotionalisierung offenbarte ihm eine mögliche Verlangsamung seiner Karriere. Er erkannte die Auswirkungen auf seinen Umgang mit Komplexität und das Zulassen anderer Meinungen, die nicht seiner Überzeugung entsprachen. Aufgrund seines starken Autonomiebedürfnisses konnte sich Max schnell entscheiden, diese Limitierung loszulassen, da Begrenzungen seinem Freiheitsdrang entgegenstanden. Zudem war für ihn die Einsicht entscheidend, dass Emotionen dabei helfen, Situationen aus anderen Blickwinkeln zu betrachten und somit ein erhöhtes Niveau an Offenheit und Flexibilität bieten.

Michael: Die Wahrheit ist schmerzhaft, aber heilsam

Michael war der Emotionalisierung gegenüber sehr offen und interessiert daran, was es bei ihm auslösen würde. Das verursachte zwar ein flaues Gefühl im Magen, aber aufgrund seiner starken Emotionalität war er sehr neugierig.

Nun war es erforderlich zu reflektieren, welche besonders einschneidende Situation diesen Glaubenssatz „Ich bin nicht liebenswert." verstärkte.
Michael konnte hierauf sehr spontan reagieren: „Der Tod meines Großvaters hat mich sehr getroffen und ich mache mir größte Vorwürfe. Bereits Monate zuvor habe ich den Kontakt vernachlässigt und hierbei immer die Arbeitsbelastung vorgeschoben. Kurz vor seinem Tod habe ich noch nicht einmal auf seine Rückrufbitte reagiert und dann war es schon zu spät. Seitdem sagt mir ständig eine Stimme in meinem Kopf, dass ich ein Versager sei und alle enttäusche. Ich glaube nicht, dass ich mir dies jemals verzeihen kann."

„Wenn wir diese Situation jetzt betrachten", fragte ich, „was glauben Sie, was Ihr Großvater zu Ihnen sagen würde?" Etwas irritiert antwortete er: „Er würde mich trotzdem lieben. Er hat mich immer geliebt, egal was ich gemacht habe. Er war immer für mich da." Mit Tränen in den Augen: „Nur ich war nicht da, als er mich brauchte."

„Würde Ihr Großvater wirklich wollen, dass Sie unter diesen Selbstvorwürfen leiden?" Er antwortete sehr sicher: „Nein, niemals. Mein Opa hat mich immer vor allem beschützt und wollte, dass es mir gut geht." Nachdenklich fügte er hinzu: „Ich habe in meinem Leben viele Menschen enttäuscht, weil ich unzuverlässig und unmotiviert war. Aber es wurde mir stets verziehen, nur ich selbst kann es mir gegenüber nicht mehr tun. Dies ist mir jetzt klar geworden, ich muss ganz dringend etwas ändern."

Hinweis des Mind Change Profilers

Im Kontext des Mind Change Profilings lässt sich die Situation wie folgt beschreiben: Durch die Emotionalisierung, den Perspektivenwechsel und die Bewertung wurde Michael bewusst, dass er sich selbst Vorwürfe macht – nicht, weil er die Bedürfnisse der anderen nicht erfüllt, sondern weil er erkannte, dass er aus mangelnder Motivation und Egoismus heraus unzuverlässig war. Das Bedürfnis nach Freude war für ihn das Wichtigste. Diese Erkenntnis macht es Michael schwer, den Glaubenssatz und die damit verbundene Limitierung loszulassen. Daher muss er sich zunächst intensiv mit sich selbst beschäftigen, um Selbst- und Fremdbild in Einklang zu bringen. Erst dann ist er in der Lage, seine Limitierung zu überwinden.

Nach gründlicher Reflexion beschließt Michael, intensiv an der Limitierung zu arbeiten.

ⓘ **Blick zurück**

Ziel der Etappe: Sie sind nun in der Lage zu entscheiden, welche Limitierungen Sie loslassen und mit welchen Sie weiterhin leben wollen. So gewinnen Sie Selbstbewusstsein. Sie konnten nun erfahren, was Sie konkret verwirklichen wollen und sind bereit, sich dafür zu engagieren.

Die Schritte:
1. *Emotionalisieren:* Sie erkunden die emotionalen Reaktionen, die mit Ihren Begrenzungen einhergehen. Erst jetzt können Sie realistisch einschätzen, welche Folgen diese für Sie haben.
2. *Bewerten:* Mit Hilfe einer Bilanz der Emotionen bewerten Sie Lebens-Ereignisse und Erkunden daraus resultierende Überzeugungen und Limitierungen.
3. *Entscheiden:* Sie entscheiden, wie Sie mit Ihren Limitierungen weiter verfahren wollen: loslassen oder beibehalten.

2.4 Vierte Etappe – Limitierungen überschreiben

Das Leben gleicht einer Melodie, deren Töne aus verschiedenen Schwingungen entstehen, die sich in einem kontinuierlichen Fluss von Harmonie und Dissonanz, Licht und Schatten bewegen. Negative Glaubenssätze sind wie Dissonanzen zu verstehen, doch liegt es in unserer Macht, die innere Harmonie wiederherzustellen. Gleich einem musikalischen Stück, das durch die Vielfalt seiner Noten lebt, sind wir in der Lage, eine Balance zwischen den unterschiedlichen Emotionen zu erzeugen.

Als Führungskräfte sollten wir diesen Ausgleich finden, denn sowohl ein Übermaß an hemmenden Emotionen als auch überschwängliches Lob gegenüber Mitarbeitenden können das Gleichgewicht stören und das Arbeitsklima beeinträchtigen.

Die Herausforderung besteht darin, genau die Denkmuster zu erkennen, die zu extremen Reaktionen führen und sie bewusst zu überschreiben. Entscheidend ist zu definieren, welche Gedankenmuster stattdessen förderlich sind und klug zu wählen, was uns in einen besseren Zustand versetzt. Diese aktiv gesteuerte Transformation erfordert ein offenes Mindset und die Bereitschaft, die eigene Meinung in Bezug auf Überzeugungen zu ändern, aber auch einfach eine neue Denkweise auszuprobieren.

Warum ist es so, dass die einen in ihrem beruflichen und privaten Leben ständig Fortschritte machen, während andere immer wieder die gleichen Fehler begehen und förmlich auf der Stelle treten? Es gibt einen interessanten Unterschied in der Denkweise dieser beiden Gruppierungen, denn sie gehen ganz unterschiedlich mit Limitierungen, Hindernissen, Herausforderungen und Chancen um.

2.4 Vierte Etappe – Wie Sie Ihre Limitierungen überschreiben

Und genau hier liegt der Schlüssel.

Die Geschwindigkeit, mit der Sie Neues lernen und offen für Veränderungen sind, hängt davon ab, in welchem Maße Sie bereit sind, die Vorzüge neuer Glaubenssätze und die damit verbundenen Möglichkeiten abzuwägen. Es braucht die Offenheit, die eigene Meinung in Bezug auf Überzeugungen zu ändern und bei der Umsetzung die Komfortzone zu verlassen.

Persönliche Entwicklung erfordert oft Vertrauen, Offenheit und den Willen, aus begrenzenden Verhaltensmustern herauszutreten.

Betrachten Sie Limitierungen als Einladung zu einem tiefen Dialog mit sich selbst. In dieser Reise zur Selbstentdeckung liegt die Kraft, das eigene Leben zu gestalten und das „Hier und Jetzt" bewusst zu nutzen.

Um Limitierungen zu überwinden, bedarf es konsequenter Übung und Entschlossenheit, das eigene Mindset zu öffnen, wertvolle Eigenschaften zu entwickeln, Selbstkontrolle zu erlangen und den Charakter zu stärken. Die gezielte Disziplinierung der Gedanken ist der Ausgangspunkt für eine tiefgreifende Veränderung. Seien Sie bereit, die notwendigen Schritte zu unternehmen, um Ihr Leben gelingend zu gestalten.

Wie können nun, Limitierungen überwunden werden? Die vierte Etappe fordert Sie heraus, Ihr Mindset zu überprüfen. So werden Sie weniger förderliche Überzeugungen durch förderliche zu ersetzen. Konzentrieren Sie sich auf das Positive und erleben Sie, wie es Ihr Denken, Fühlen und Handeln beeinflusst.
Ziel der vierten Etappe ist es ein neues, positives Mindset zu entwickeln.

Schritt 1: Neue Überzeugung finden

Um eine neue, positive Überzeugung zu finden, ist es unerlässlich, sich zunächst mit den eigenen Vorstellungen von einem erfüllten Leben auseinanderzusetzen. Lediglich einen neuen Glaubenssatz aufzugreifen, sich zum Beispiel einzuprägen "Ich bin glücklich.", ist ohne jeglichen Effekt. Denn, wenn dieser Satz nicht in Resonanz mit dem eigenen Inneren steht, führt er zu keiner positiven Emotion.

Indem wir uns zunächst fragen, was ein gelingendes Leben ausmacht und persönliche Erfüllung bringt, können wir eine Überzeugung entwickeln, die sowohl den äußeren Anforderungen entspricht als auch im Einklang mit unseren inneren Werten und Zielen steht. Die Harmonie zwischen internen und externen Interessen schafft eine solide Basis für eine glaubwürdige und wirkungsvolle Führungspersönlichkeit. Bei vorhandener Übereinstimmung besteht ein tiefes Selbstverständnis für das RICHTIGE.

Somit sind Sie in der Lage, ein neues Denkmuster zu formulieren, mit dem Sie Ihre zuvor definierte Limitierung erfolgreich überschreiben.

Das Fundament: Klarheit über ein erfülltes Leben

Ein erfolgreiches und erfülltes Leben zu führen, ist ein Ziel, das die meisten von uns teilen, jedoch hierzu unterschiedliche Auffassungen bestehen.
Ein gelingendes Leben geht oft weit über materiellen Wohlstand hinaus und berührt die Tiefe unserer emotionalen und persönlichen Erfahrungen. Es reicht von zwischenmenschlichen Beziehungen bis hin zu beruflichem Erfolg und innerem Frieden. Letztlich liegt diese Definition in der individuellen Fähigkeit, den eigenen Lebensweg sinnstiftend zu gestalten sowie dabei bedeutsame Beiträge für sich

selbst und das Umfeld zu leisten.

Werte, Prinzipien und Ziele eines Menschen sind äußerst vielfältig. Es ist eine Reise der Selbstfindung, bei der individuelle Träume und Werte eine bedeutende Rolle spielen. Der Weg dahin mag für jeden unterschiedlich sein, aber das Streben nach Sinn, Zufriedenheit und Erfüllung verbindet uns alle.

In der Philosophie sahen Sokrates, Platon und Aristoteles als Lebensziel Eudaimonia an – ein Begriff, der nicht mit Glück übersetzt werden kann, sondern vielmehr für eine gelingende Lebensführung steht. Eudaimonia im Sinne dieser Philosophen resultiert nicht nur aus momentanen Freuden, sondern aus einem Leben, das sich an den eigenen Werten und den Tugenden orientiert. Sie betonen, dass Schmerz und Leid untrennbar mit einem Entwicklungsprozess verbunden sind und betrachten sie als notwendige Elemente, um eine wirklich erfüllte Existenz zu erreichen.

Für Aristoteles ist das „gelungene Leben" das höchste Ziel menschlichen Handelns. Um Glückseligkeit zu erreichen, fragte sich Aristoteles, was die besondere Funktion des Menschen sei. Seine Antwort war: „Es ist die Fähigkeit des Verstands. Um zur höchsten Stufe des Glücks zu gelangen, sollte ein Mensch deshalb sein Leben lang genau die Tätigkeit ausüben, die er am besten kann."

Der Weg zur persönlichen Erfüllung

Erfüllung umfasst weit mehr als bloßes Glücklichsein. Sie beinhaltet eine tiefe Zufriedenheit mit sich selbst und der Welt. Tätigkeiten, die als bedeutsam, persönlich relevant und im Einklang mit den eigenen Stärken erlebt werden, erschaffen dieses Gefühl. Durch verschiedene Quellen kann es erreicht werden. Berufliche Tätigkeiten, gemeinnützige Arbeit und Hobbies, Lernen, persönliche Entwicklung oder das Verfolgen von Lebenszielen.

2. DIE REISE

Wenn wir uns in Aktivitäten ausdrücken können oder das Gefühl haben, einen positiven Einfluss auf andere auszuüben, dann erfüllt uns das. Der bewusste Einsatz und die Weiterentwicklung der eigenen Stärken in Verbindung mit persönlichen Interessen spielen dabei eine zentrale Rolle. Auch die Frage nach der langfristigen Lebensperspektive hilft, Prioritäten zu setzen. Eine erfüllte Führungspersönlichkeit zeichnet sich durch unternehmerische Weitsicht und menschliche Nahbarkeit aus.

Die folgende Übung hilft Ihnen, Ihre Bedürfnisse einzuschätzen. Durch die aktive Auseinandersetzung mit diesen erhalten Sie einen Einblick in die Ziele, die Ihnen wirklich wichtig sind und was Sie auf dem Weg dahin antreibt.
In dieser Kenntnis können Sie dann eine Überzeugung entwickeln, die nicht nur den äußeren Anforderungen entspricht, sondern auch mit Ihren inneren Werten und Zielen im Einklang steht — damit können Sie im nächsten Schritt Ihre Limitierung erfolgreich überschreiben.

Bewerten Sie Ihre Prioritäten, indem Sie den folgenden Fragen laut Ihren Priorisierungen Punkte vergeben. Die maximal zu vergebende Punkteanzahl für alle Fragen ist: 20 Punkte.

Wie wichtig ist für Sie:

1. eigenständige Entscheidungen bei Ihrer Arbeit zu treffen?
2. in Ihr Team integriert zu sein?
3. Anerkennung und Wertschätzung für Ihre Leistungen zu bekommen?
4. klare Zielstellungen und Erwartungshaltungen an Ihre Arbeit zu kennen?
5. Freude und Interesse an Ihren beruflichen Aufgaben zu empfinden?

Die Bewertungen helfen Ihnen, Ihre Bedürfnisse besser zu verstehen und zu überprüfen, ob diese tatsächlich in Ihrem beruflichen Alltag erfüllt werden.

(Schlüssel: 1 = A, 2 = Z, 3 = S, 4 = O, 5 = F)

Tauchen wir mit unseren Gedankenflüsterern in die Philosophie des gelingenden Lebens ein:

 „Ich fühle mich lebendig, wenn ich gestalte. Sich und anderen zu verzeihen ist ebenfalls wichtig, um glücklich zu werden."

 „Das stimmt, denn anderen zu vergeben bedeutet gleichzeitig eine Befreiung für sich selbst zu empfinden."

 „Genau, deshalb ist unsere Vorstellungskraft für das eigene gelingende Leben so wichtig."

 Hinweis des Mind Change Profilers

Ein gelingendes Leben bedeutet, Ziele oder Vorstellungen durch eigene Anstrengungen zu verwirklichen. Der Fokus liegt darauf, die negativen Denkmuster und Überzeugungen, die den Weg zu einem erfüllten Leben beeinflussen, zu reflektieren und zu verändern. Dabei ist es entscheidend, die mentale Stärke zu nutzen, um die Gedanken und Emotionen zu transformieren. Ein gelingendes Leben im Kontext des Mind Change Profilers bedeutet daher nicht nur das Erreichen äußerer Ziele, sondern auch die bewusste Gestaltung und Veränderung der eigenen mentalen Landschaft für ein nachhaltiges Wohlbefinden.

Überzeugungen definieren, die zur eigenen Person passen

Wir haben uns klar gemacht, was für uns ein gelingendes und erfülltes Leben ausmacht. Auf dieser Grundlage können wir jetzt Überzeugungen formulieren, die im Einklang mit der eigenen Persönlichkeit stehen und sowohl unser Verhalten als auch das Beziehungsgeflecht zum direkten Umfeld formen.

Nehmen wir als Beispiel die Überzeugung „Ich vertraue keinem.", die wir durch einen neuen positiven Leitsatz überschreiben wollen. Voraussetzung hierfür ist, eine innere Haltung zu entwickeln, die eine gesunde Grundlage für zwischenmenschliche Beziehungen bildet. Hierzu gilt es nun, Glaubenssätze zu formulieren, die der Limitierung entgegenstehen und die neue Grundeinstellung unterstützen:

* Jeder Mensch verdient einen Vertrauensvorschuss, denn es ist generell von positiven Absichten ausgehen.
* Vertrauen schafft eine bejahende und unterstützende Umgebung.
* Durch Vertrauen stärke ich nicht nur andere, sondern kann selbst wachsen und mich weiterentwickeln.

Davon ausgehend, kann eine neue Überzeugung formuliert werden: „Ich schenke jedem Menschen einen Vertrauensvorschuss – auch mir selbst." Dieses Motto fördert eine zuversichtliche optimistische Einstellung, die Beziehungen stärkt und zu persönlichem Wachstum beiträgt.

Schritt 2: Verzeihen und die alte Überzeugung loslassen

Auf den ersten Blick klingt es ganz einfach: Man nehme eine neue Überzeugung und ersetze damit die Limitierung. Also zum Beispiel:

- *„Ich bin nicht liebenswert."* wird zu *„Ich werde so geliebt, wie ich bin."*
- *„Vertrauen muss man sich verdienen."* wird zu *„Ich schenke Vertrauen."*
- *„Ich bin machtlos gegenüber den äußeren Umständen."* wird zu *„Ich kann die Umstände ändern."*
- *„Keiner hilft mir."* wird zu *„Ich bekomme Hilfe."*
- *„Step by step."* wird zu *„Ich kann alles sofort."*

Was meinen Sie, funktioniert das? Ganz so einfach ist es selbstverständlich nicht. Lediglich den negativ behafteten Glaubenssatz ins Gegenteil zu kehren, bedeutet noch lange nicht, dass damit eine Übereinstimmung mit den eigenen Gedankengängen besteht. Zudem fehlt das dringend notwendige Vorhandensein von damit verbundenen positiven Emotionen.

Aus diesen Gründen ist die Wahrscheinlichkeit ausgesprochen hoch, dass sich in herausfordernden Alltagssituationen dann doch wieder die frühere Überzeugung ihren angestammten Platz zurückerobert. Wenn es nicht gelingt, treffende Alternativ-Glaubenssätze auszuformulieren, die selbstüberzeugt und mit positiven Emotionen belegt sind, dann ist die Limitierung offensichtlich noch zu stark ausgeprägt. Hierbei hilft die Biografie-Arbeit weiter.

Wie gelingt es, eine Limitierung wirklich loszulassen? Entscheidend ist dafür eine ganz bestimmte Fähigkeit: die Bereitschaft des Verzeihens sich selbst oder anderen gegenüber. Diese ermöglicht, belastende Emotionen loszulassen und so Raum für positive Veränderungen zu schaffen.

Hinzu kommt, dass Verzeihen unsere emotionale Widerstandsfähigkeit stärkt. Diese wiederum hilft bei der Befreiung von Begrenzungen. Der amerikanische Psychologe, Professor Robert D. Enright, widmet sich seit vielen Jahren der Wirkung von Vergebung auf die Psyche. Wie auch andere Wissenschaftler kommt er zu der Erkenntnis, dass Vergeben gesundheitsförderlich ist. Er sagt aus, dass Verzeihen eine erlernbare Tugend sei, die das Selbstwertgefühl stärke und dazu beitrage, Depressionen, Angststörungen und Wut zu überwinden.

Die meisten wenig förderlichen Überzeugungen haben ihre Wurzeln in der Vergangenheit, in Ereignissen oder Beziehungen, die uns geprägt haben.
Im wahren Leben könnte es so ablaufen: „Ich werde meinem besten Freund niemals vergeben, dass er mir meine erste Frau ausgespannt hat. Beide haben mich betrogen!"

Wenn der Betroffene versteht, dass Verzeihen ein selbstorientierter Prozess ist, dann unterstützt dieses Verständnis das Grundbedürfnis nach Autonomie. Zu vergeben bedeutet nicht, andere von ihren Handlungen freizusprechen, sondern ist ein Weg, persönliche Freiheit und Selbstbestimmung zu erleben.
Durch Vergeben lösen wir uns von negativ-prägenden Ereignissen und akzeptieren sie als Teil unserer Lebens-Geschichte, ohne, dass sie unsere Gegenwart und Zukunft bestimmen.

2. DIE REISE

Der Psychologe Robert Enright hat eine Vorgehensweise für den Prozess des Vergebens entwickelt, welcher sich in vier Schritte aufgliedert. Wenn Sie den Prozess erfolgreich durchlaufen, sind Sie in der Lage, schmerzliche Gefühle einer emotionalen Verletzung loszulassen:

1. *Erleben:*
   - Untersuchen Sie als Betroffener eine emotionale Verletzung, an deren Folgen Sie leiden.
   - Durchleben Sie bewusst Gefühle wie Zorn, Trauer oder Hass.

2. *Entscheiden:*
   - Entscheiden Sie sich für die Befreiung aus der alten Verstrickung, indem Sie sich bewusst machen, welche Vorteile das Verzeihen mit sich bringt.

3. *Verstehen:*
   - Versuchen Sie, eine neue Sichtweise auf die Person, die Ihnen Leid zugefügt hat zu gewinnen.
   - Entwickeln Sie Verständnis, ohne das Verhalten zu entschuldigen.
   - Begreifen Sie das erlittene Unrecht als unumkehrbar und verzichten Sie auf Reaktionen wie Rückzug, Angriff oder Rache.

4. *Akzeptieren:*
   - Akzeptieren Sie das Vergangene.
   - Erkennen Sie, dass es guttut, schmerzhafte Gefühle und Verhaltensweisen loszulassen.
   - Ersetzen Sie diese durch (Selbst)Empathie und Wohlwollen gegenüber anderen.

Hinweis des Mind Change Profilers

Es ist nicht möglich zu vergessen, jedoch ist es möglich die Kraft der Vergebung zu nutzen, um toxische Limitierungen zu überschreiben. Die Neurobiologie lehrt, dass nur wenige Handlungen für den Menschen so gesund sind wie das Verzeihen. Im Ergebnis dessen ergibt sich ein mentaler Zustand, der eine Reihe von Veränderungen in Gang setzt, die unter anderem Stress und Emotionen reduzieren.

Das primäre Ziel dabei ist nicht Versöhnung, sondern das Finden von Erleichterung und Ausgleich. Das Abschließen eines Lebens-Kapitels ermöglicht, belastende Ressentiments loszulassen und optimistischer in die Zukunft zu blicken.

Schritt 3: Die neue Überzeugung bestärken

Auf der einen Seite liegt die Herausforderung, die hinderliche Limitierung loszulassen – auf der anderen Seite gilt es, die förderliche Überzeugung zu stärken. Angenommen, Sie haben die Überzeugung "Ich vertraue keinem." hinter sich gelassen. Was können Sie nun tun, damit der neue Glaubenssatz so stark wird, dass Sie anderen Menschen einen Vertrauensvorschuss geben?

Die folgenden Maßnahmen helfen Ihnen dabei:

*   *Selbstreflexion:* Machen Sie sich bewusst, in welchen Situationen Sie in der Vergangenheit tatsächlich jemandem Vertrauen entgegengebracht haben. Haben Sie beispielsweise jemandem eine Aufgabe übertragen und diese wurde dann erfolgreich erledigt?

*   *Kleine Schritte wagen:* Statt sofort jedem bedingungslos zu vertrauen, unternehmen Sie kleinere Schritte in diese Richtung. Beginnen Sie bei weniger kritischen Aufgaben und beobachten Sie die Reaktionen Ihres Gegenübers.

*   *Positive Erfahrungen sammeln:* Suchen Sie nach Situationen, in denen Sie zuversichtlich Mitarbeitenden eine verantwortungsvolle Aufgabe überlassen und die positive Leistung gewürdigt haben.

*   *Feedback einholen:* Sprechen Sie mit Personen, denen es leicht fällt, Vertrauen zu schenken und erfahren Sie deren Perspektiven. Wie erleben Sie deren Haltung hierzu? Das Feedback kann dazu beitragen, verschiedene Sichtweisen zu verstehen und Bedenken zu entkräften.

- *Selbstlob und Anerkennung:* Loben Sie sich bewusst selbst, wenn Sie in einer bestimmten Situation Vertrauen gezeigt haben und würdigen Sie sich für diesen Schritt.

- *Bewusstseinsbildung:* Machen Sie sich der besonderen Bedeutung von Vertrauen bewusst, um zu verstehen, wie positiv sich eine derartige Basis auf Beziehungen, Zusammenarbeit und Erfolg auswirkt.

Um diesen Prozess des „Sich-Öffnens" im Geschäftsalltag für die neue Überzeugung zu erleichtern, ist es wichtig, dass der betreffende Mitarbeitende nicht nur in der Lage ist, die anstehende Aufgabe zu bewältigen, sondern, dass er auch an ihrer Umsetzung interessiert ist. Es gilt, die Fähigkeiten und die Motivation des Mitarbeitenden realistisch einzuschätzen. Nur, wenn sich Können und Wollen in einem konstruktiven Gleichgewicht befinden, kann das Schenken von Vertrauen erfolgreich im Führungsalltag umgesetzt werden.

Neue Überzeugungen erfordern veränderte Denkgewohnheiten

Sie haben sich entschieden, jedem Menschen einen Vertrauensvorschuss zu geben und werden dennoch von einem Mitarbeitenden enttäuscht? Beruflich oder auch im Privatleben kann es immer wieder zu kleinen Rückschlägen kommen, die an der Richtigkeit einer neuen Überzeugung zweifeln lassen. Und deshalb hadern wir manchmal mit uns selbst.

In solchen Fällen gilt es zu prüfen, in welchem Zusammenhang die neu formulierte Überzeugung unklar ist, sei es in Bezug auf die eigene Person, andere Führungskräfte, Mitarbeitende, das Unternehmen im

Gesamten oder in privaten Beziehungen. Bleiben wir beim Beispiel „Vertrauen schenken":

in Bezug auf die eigene Person:

Bin ich selbst vertrauenswürdig?
Vertraue ich mir selbst?
Welche Voraussetzungen müssen vorhanden sein, damit Sie sich selbst vertrauen?

in Bezug auf andere Führungskräfte / Mitarbeitende:

Haben Sie beobachtet, dass andere Führungskräfte oder Mitarbeitende keine Vertrauenskultur haben?
Sind andere Führungskräfte oder Mitarbeitende mit mir nicht vertrauensvoll umgegangen?
Was muss passieren, damit Sie gegenüber diesen Personengruppen Vertrauen aufbauen?

in Bezug auf das Unternehmen:

Ist in Ihrem Unternehmen ein Leitbild vorhanden, das auch gegenseitiges Vertrauen thematisiert?

in Bezug auf private Beziehungen:

Wie vertrauensvoll gehen Sie und Personen aus Ihrem direkten Umfeld miteinander um?

Halten Sie gezielt Ausschau nach Situationen, die Sie herausfordern, damit Sie sich denen mit Ihrer neuen Überzeugung stellen. Notieren Sie, wenn Sie Vertrauen geschenkt haben und dadurch positive Ergebnisse entstanden. Auf diese Weise gelingt es, bewusster die neue Überzeugung zu leben.

Mit einer veränderten und offenen Denkweise suchen Menschen bewusst nach der Wahrheit. Zum Beispiel analysieren sie, warum es zu Schwierigkeiten in der Umsetzung neuer Überzeugungen gekommen ist. Das offene Mindset ermöglicht die flexible Änderung von Meinungen und Glaubenssätzen. Im Gegensatz dazu halten diejenigen mit einem verschlossenen Mindset an fest eingefahrenen Überzeugungen fest und sehen sich immer wieder bestätigt.

Schritt 4: Die neue Überzeugung im Alltag umsetzen

Stellen Sie sich vor, Ihre neue Überzeugung ist wie eine junge Pflanze, die Sie in Ihrem Garten eingesetzt haben. Sie benötigt Pflege und Aufmerksamkeit, um zu wachsen und zu gedeihen.
Ebenso bedarf es regelmäßiger Zuwendung für Ihre umgestalteten Denkmuster, damit sie sich fest in Ihrem Alltag verankern. Sie haben bereits die ersten wichtigen Schritte gemacht, indem Sie Ihre bisherigen hinderlichen Überzeugungen abgelegt und neue, positive definiert haben. Jetzt ist der Zeitpunkt gekommen, diese im täglichen Leben zu integrieren und zu nähren.

Dieser Prozess ist oft einfacher, als Sie vielleicht denken, denn einmal richtig durchdachte und fest gefasste Entschlüsse sind kaum aufzuhalten. Eine Überzeugung lässt sich festigen, indem diese durch Rituale und positive Emotionen bewusst in den Alltag einbezogen werden. Bekanntlich werden viele unserer Handlungen von einem inneren Autopiloten gesteuert – der morgendliche Kaffee, das Zähneputzen, der Weg ins Büro. Nun gilt es, ebenfalls das neue Denken in die Routinen einzubinden. Freuen Sie sich darauf, denn so schaffen Sie ein starkes Wurzelwerk für Ihre Überzeugung!

Setzen Sie sich ein Tagesmotto

Um Emotionen und Gedanken besser lenken zu können, ist das Setzen eines Tagesmottos hilfreich. Dieser Grundsatz aus der Verhaltenstherapie bedeutet die Fokussierung darauf, jeden Tag bewusst eine bestimmte Verhaltens- oder Denkweise einzunehmen.
Beginnen Sie mit der Selbstführung, indem Sie ein Tagesmotto formulieren, wobei Ihnen die Devise: „Ein Tag geht immer!" zur Seite steht.

Angenommen, Sie wollen die Überzeugung „Ich bin nicht gut genug." hinter sich lassen, dann legen Sie beispielsweise folgendes alternatives Tagesmotto fest: „Heute gehe ich jede Aufgabe mit Leichtigkeit an, weil ich weiß, was ich kann."

Stellen Sie sich vor, einen Tag lang mit der Überzeugung zu leben, dass Sie mehr als nur gut genug sind. An diesem legen Sie beispielsweise besonderen Wert darauf, sympathisch und selbstsicher zu sein. Halten Sie Ihre positiven Erlebnisse und Emotionen schriftlich fest.

So finden Sie Ihr Tagesmotto

Der beste Weg, sich jeden Tag neu zu motivieren und auf das einzustellen, was einen erwartet ist, sich ein persönliches Tagesmotto zu geben. Dabei ist es sehr hilfreich, sich bereits vor dem Arbeitstag zu überlegen, was Sie erwartet und was Sie erreichen wollen. Darauf ausgerichtet, soll Sie ein spezielles Motto erfolgreich durch den Tag begleiten.

Zum Beispiel:

- *„Heute bin ich besonders souverän, weil ich bestens auf das vorbereitet bin, was mich erwartet."*
- *„Heute reagiere ich überlegter als sonst, weil ich weiß, dass mich ein bevorstehendes Gespräch aus der Reserve locken könnte."*

2. DIE REISE

Es gibt ein Portfolio an Tagesmottos, die dem Grundsatz „Ein Tag geht immer!" folgen. Wie Studien der Verhaltenspsychologie bestätigen, fällt es leichter, einen Tag lang einem Motto zu folgen und damit einen Grundsatz zu leben.

Tagesmottos können aber auch lediglich Zustandswünsche, Gefühle oder Verhaltensweisen beinhalten, die an diesem Tag aktiv gelebt werden sollen.

Zum Beispiel:

- *„Heute bin ich gelassen."*
- *„Heute bin ich sympathisch."*
- *„Heute bin ich aufgeschlossen."*

Die folgenden Fragen helfen, ein persönliches Tagesmotto zu finden:

- *Welche besonderen Herausforderungen erwarten mich heute?*
- *Mit welchem Gefühl will ich heute den Tag erleben?*
- *Welche positiven Auswirkungen hat das Tagesmotto auf mich?*
- *Welche Erfolge will ich am Abend reflektieren?*

Auf unserer Website finden Sie weitere Tagesmottos für jeden Tag:

Vom Tagesmotto zur neuen Überzeugung

Ein Tagesmotto ist eine sehr motivierende und wirksame Methode, das eigene Verhalten schnell umzuprogrammieren. Je intensiver und konsequenter ein Tagesmotto angewendet wird, desto höher ist die Wahrscheinlichkeit, mit dessen Hilfe gewünschte Überzeugungen zu verinnerlichen.

Sehen wir uns hierzu einige Beispiele an:

Vorherige Überzeugung: „*Ich bin machtlos gegenüber den äußeren Umständen.*"

Tagesmotto: „*Heute gestalte ich bewusst meinen Tag, indem ich im laufenden Projekt klare Prioritäten festlege und diese konsequent verfolge.*"

Gewünschte Überzeugung: „*Ich bin in der Lage, äußere Umstände zu verändern, weil ich innerhalb des Projekts Entscheidungen treffe.*"

Die neu gewonnene Überzeugung betont die individuelle Verantwortung des Einzelnen für seine Lebensgestaltung. Sie steht im Gegensatz zur bisherigen, die hauptsächlich auf dem unerfüllten Bedürfnis nach Selbstwert beruht.

Hier lassen sich einige Mottos ableiten, die persönlich spezifiziert werden können:

- „*Heute bin ich besonders präsent in meiner Außenwirkung.*"
- „*Heute werde ich eine Veränderung erreichen, weil ich sehr gute Argumente dafür gesammelt habe.*"
- „*Heute reagiere ich gelassen auf brisante Situationen.*"

2. DIE REISE

Vorherige Überzeugung: „Keiner hilft mir."
Tagesmotto: „Heute fordere ich aktiv Unterstützung bezüglich der Präsentation bei meiner Assistentin ein."
Gewünschte Überzeugung: „Ich erhalte Unterstützung, wenn ich aktiv auf andere zugehe und darum bitte."

Die neu gewonnene Überzeugung legt den Fokus auf die aktive Einbindung des Einzelnen und betont die Möglichkeit, Hilfe zu erhalten, wenn sie explizit angefordert wird. Hierbei wird in erster Linie das Grundbedürfnis nach Zugehörigkeit erfüllt.

Hier lassen sich einige Mottos ableiten, die persönlich spezifiziert werden können:

- „Heute suche ich aktiv nach Unterstützung, weil ich weiß, dass ich diese in meinem Umfeld finde."
- „Heute unterstütze ich andere!"
- „Heute nehme ich Unterstützungsangebote an, weil das auch Stärke bedeutet."

Vorherige Überzeugung: „Step by Step"
Tagesmotto: „Heute reagiere ich intuitiver und flexibler in meinem Kundengespräch."
Gewünschte Überzeugung: „Ich kann mit mehr Kreativität erfolgreicher und spontaner agieren."

Die neu gewonnene Überzeugung hebt die individuelle Verantwortung hervor, das eigene Tempo zu finden und betont, dass Erfolge in einem selbstbestimmten Rhythmus erreicht werden. Dabei wird vorrangig das Grundbedürfnis nach Autonomie erfüllt.

2.4 Vierte Etappe – Wie Sie Ihre Limitierungen überschreiben

Hier lassen sich einige Mottos ableiten, die persönlich spezifiziert werden können:

- *„Heute gelingt mir alles mit viel mehr Leichtigkeit."*
- *„Heute bin ich mir meiner Leidenschaft bewusst, weil das Energie bedeutet und ich den Schwung mitnehmen will."*
- *"Heute definiere ich konkret, was ich am Ende des Tages erreicht haben will, weil ich mich somit besser fokussiere und diszipliniere."*

Vorherige Überzeugung: „Ich bin nicht liebenswert."
Tagesmotto: „Heute bin ich im Mitarbeitergespräch besonders sympathisch und wertschätzend."
Gewünschte Überzeugung: „Ich bin es wert, dass andere mich so mögen, wie ich bin."

Die neu gewonnene Überzeugung lenkt den Fokus darauf, dass Selbstliebe und Wertschätzung entscheidende Elemente sind, um die eigene Liebenswürdigkeit zu erkennen, was das Grundbedürfnis nach Selbstwerterhöhung unterstützt.

Hier lassen sich einige Mottos ableiten, die persönlich spezifiziert werden können:

- *„Heute bin ich besonders liebenswert und so verhalte ich mich auch."*
- *„Heute wertschätze ich mich für alles, was mir gut gelungen ist, weil ich mich dadurch auf das Positive fokussiere."*
- *„Heute entscheide ich mich bewusst für eine offene und wertschätzende Grundhaltung, weil dies einen respektvollen Umgang bedeutet."*

2. DIE REISE

Vorherige Überzeugung: „Vertrauen muss man sich verdienen."
Tagesmotto: „Heute übergebe ich meiner Assistentin eine Aufgabe, die sie in dieser Form noch nicht selbstständig durchgeführt hat."
Gewünschte Überzeugung: „Ich gebe jedem Menschen einen Vertrauensvorschuss, weil ich bereit bin, ihm vorurteilsfrei zu begegnen."

Die neu gewonnene Überzeugung hebt die aktive Rolle hervor, die jeder Einzelne bei der Gestaltung von Vertrauensverhältnissen spielt. Hierbei wird insbesondere das Grundbedürfnis nach Orientierung/Kontrolle unterstützt.

Hier lassen sich einige Mottos ableiten, die persönlich spezifiziert werden können:

*   *„Heute vertraue ich mir selbst, weil ich weiß, dass ich die Herausforderungen des Tages mit Leichtigkeit bewältigen kann."*
*   *„Heute gestalte ich meine Kommunikation positiv und transparent."*
*   *"Heute schenke ich Vertrauen, indem ich Verantwortung übergebe und ich weiß, dass dies positiv für die Selbstwirksamkeitsentfaltung anderer ist."*

Hinweis des Mind Change Profilers

Die Kraft eines Tagesmottos hat einen tiefgreifenden Einfluss auf Denken, Fühlen und Handeln.

Bei der bewussten Formulierung von Tagesmottos sollen gewünschte Verhaltensweisen, Zustände und Eigenschaften, die durch den gesamten Tag begleiten, klar erkennbar sein.

Tägliche Leitsätze verfolgen konkrete Ziele und rufen durch deren Erfüllung positive Emotionen hervor. Zudem wird bei jedem formulierten Motto mindestens eines der psychologischen Grundbedürfnisse berührt.

Damit wird das Tagesmotto zu einem wirksamen Werkzeug, um selbstbestimmt und erfolgreich durch den Tag zu gehen.

2. DIE REISE

Umsetzungsprobleme im Führungsalltag

Sie haben sich hochmotiviert auf den Weg gemacht, Ihre neue Überzeugung in den Alltag zu integrieren.

Aber bereits nach wenigen Tagen erhalten Sie eine E-Mail von einem Mitarbeitenden, in der steht: „Ich kann das Projekt nicht beenden, denn ich muss leider zum Arzt und ab morgen habe ich Urlaub!"

Ist es nicht naheliegend, dass Sie in diesem Moment Ihre neue Überzeugung "Ich schenke mehr Vertrauen." in den Hintergrund setzen und in das frühere Reaktionsmuster zurückfallen?

Rückschläge sind unvermeidlich. Betrachten Sie diese als wertvolle Lerngeschenke auf Ihrem Weg der Veränderung. Jedes Hindernis ist eine Gelegenheit zu wachsen und deshalb eine Chance zur Entwicklung.

„Wo Licht ist, ist auch Schatten."

Auf beiden Seiten liegen verborgene Chancen, Ihre Resilienz zu stärken und neue Erfahrungen sinnbringend in Ihren persönlichen Veränderungsprozess einzubringen.

Wie und wer wollen Sie sein und was wollen Sie haben? Dieses visionäre Bild von Ihnen selbst ist bereits in Ihrem Mindset vorhanden. Sie müssen es nur noch freilegen! Eine Anekdote über Michelangelo illustriert diese motivierende Botschaft: Im Alter von nur 25 Jahren schuf der Bildhauer seine berühmte Davidstatue. Auf die Frage, wie es ihm gelungen sei, aus einem Marmorblock eine so filigrane Statue zu meißeln, soll er geantwortet haben: „*David* war schon immer da. Ich musste nur den Marmor um ihn herum entfernen."

Machen Sie sich also daran, Ihre eigene Vision freizulegen und beantworten Sie sich selbst die Fragen, wie Sie Ihre Persönlichkeit sehen wollen, was Sie anstreben und was Sie loslassen wollen.

Hinweis des Mind Change Profilers

Wenn sich trotz Selbstreflexion, Gesprächen und Feedback keine positiven Veränderungen hinsichtlich der neuen Überzeugung einstellen, ist es ratsam, externe Unterstützung in Betracht zu ziehen. Ein professioneller Coach oder Berater wird unterstützen, tiefer liegende Ursachen zu identifizieren und individuelle Lösungsansätze zu entwickeln. Der Blick von außen bietet eine neue Sichtweise und zusätzliche Tools für die persönliche Entwicklung.

Workshops oder Trainings zur Förderung einer positiven Kommunikations- und Vertrauenskultur im gesamten Team sind ebenfalls sinnvoll. Oftmals ist die Gruppendynamik von entscheidender Bedeutung, um ein unterstützendes Umfeld zu schaffen.

Sich auf externe Ressourcen einzulassen, ist ein Zeichen für die proaktive Haltung in Bezug auf die persönliche und berufliche Entwicklung.

Durchhalten – der Schlüssel zur Umsetzung

Die Umsetzung einer neu gewonnenen Überzeugung erfordert vor allem eines: Durchhaltevermögen. Wesentlich dafür sind Tugenden wie Ausdauer, Disziplin und Willensstärke.
Das Verinnerlichen veränderter Gewohnheiten und Überzeugungen nimmt einen sehr langen Zeitraum in Anspruch. Nicht selten wird hierbei eine Dauer von bis zu 100 Tagen beziehungsweise 10.000 Wiederholungen erwähnt.
Ein wertvoller Begleiter ist das Notizbuch zur Mind Change Journey, in dem wir Fortschritte, Erfolge und positive Emotionen festhalten. Ebenso ist die Visualisierung von kleinen Etappenerfolgen sowie des Endziels zusätzlicher Impuls zur Motivation.

Tugenden als Grundlage für Ihr Handeln

Der Begriff „Tugend" mag veraltet erscheinen, aber er steht für zeitlose Grundhaltungen, auf denen ethisches Handeln aufbaut. In einer Welt, die Schlüsselqualifikationen betont, rücken besondere Werte als entscheidender Pfeiler der Persönlichkeit ins Blickfeld. Diese beruhen auf Tugenden wie Gerechtigkeit, Tapferkeit und Mäßigung. Weisheit entsteht durch Lebenserfahrung und Selbstreflexion.

Lassen Sie Ihr Handeln von Tugenden leiten!
In von Prinzipien dominierten Umfeldern bietet die Konzentration auf redliche Eigenschaften wertvolle Chancen für die Selbstführung und persönliche Entwicklung.

2.4 Vierte Etappe – Wie Sie Ihre Limitierungen überschreiben

Prinzipien schränken ein, während Tugenden befreien.
Prinzipien fordern, während Tugenden fördern.
Prinzipien sagen: „Du musst!", während Tugenden sagen: „Du darfst!"
Prinzipien kämpfen gegen Fehler, während Tugenden für das Fehlende da sind.
Prinzipien lehren das Fürchten, während Tugenden Mut machen.
Prinzipien versprechen Freude, während Tugenden sie gewähren.

Aktivieren Sie Ihr Tugendpotenzial, indem Sie Gutes tun und dadurch Positives erfahren.
Tugenden müssen jedoch trainiert werden. Durch ständiges Üben werden sie zu einer gelebten Haltung.
Unternehmen benötigen tugendhafte Führungskräfte und Mitarbeitende, um angenehme Arbeitsatmosphäre, Motivationssteigerung, Zielerfüllung und Sinnstiftung zu erreichen.

Ein tägliches Ritual zur Bestätigung des veränderten "SELBST"

„Die Energie folgt der Aufmerksamkeit."
Die Fokussierung auf das veränderte Selbst ermöglicht uns, die gewünschten Emotionen zu fühlen und zu leben – daraus gewinnen wir die Energie für die zukünftige erfolgreiche Umsetzung von zusätzlichen Veränderungsprozessen.

Tägliches Visualisieren und Zelebrieren Ihrer Veränderungen motiviert und gibt Kraft für jeden einzelnen weiteren Schritt.

Wie es bei den Kandidaten weiterging

Wie ist es den beiden Kandidaten gelungen, ihre Limitierungen zu überschreiben? Auf dieser Etappe hatten die Bewerber die Gelegenheit, ihr Mindset zu überprüfen und sich der kraftvollen Wirkung von Tugenden bewusst zu werden. Dies bildet die Grundlage, um die einschränkenden Glaubenssätze durch eine positive Überzeugung zu ersetzen.

Max: Beeindruckende Fortschritte

Max wollte sich, wie wir uns erinnern, von seiner „Step-by-Step"-Überzeugung befreien. Der Antrieb lag darin, die berufliche Entwicklung nicht zu bremsen und mit Gelassenheit auf komplexe Situationen und unterschiedliche Meinungen reagieren zu können. Max wollte sich von dieser Überzeugung verabschieden, weil sein Grundbedürfnis nach Autonomie stark ausgeprägt war.

Bei unserem Treffen zeigte sich Max sehr neugierig und hatte den klaren Willen, belastende Dinge zu überschreiben oder neu zu denken. „Das ist wie bei einem gravierenden Fehler", meinte er, „den macht man einmal, aber bestimmt kein zweites Mal." So bekräftigte er seinen Leistungsanspruch.

Im ersten Teil des Gesprächs lag der Fokus darauf, die neu zu gewinnende Überzeugung festzulegen. „Ich habe mich vorbereitet", sagte er lächelnd und nannte folgende veränderte Glaubenssätze, die er für sich definiert hatte: „Ich erkenne und ergreife Chancen.", „Ich sehe die Menschen und ihre Bedürfnisse.", „Ich bin flexibel und spontan.", „Ich erfasse komplexe Sachverhalte mit Leichtigkeit."

Diese Sätze ermöglichten es ihm, im Vergleich zu früheren Denk-mustern optimierter zu reagieren und auf andere einzugehen.

„Und haben Sie Ihren *David* noch im Kopf?", fragte ich Max. Daraufhin meinte er, sein Visualisierungsvermögen noch ausbauen zu müssen.

„Was also", so fragte ich Max, „ist Ihre Vorstellung von einem gelin-genden Leben?"

Seine Antwort war ausweichend: „Sie werden es nicht glauben, aber durch unser Mind Change Profiling ist mir bewusst geworden, dass im Leben nicht nur eigene Leistungen, sondern auch Erfolge auf-grund der Teamleistungen gemeinsam mit meinen Mitarbeitenden erfüllend sind. Ich kann tatsächlich einen Zustand absoluter Zufrie-denheit erreichen, wenn alles Hand in Hand abläuft und ich mich dabei organisierend einbringen kann. Dann fühle ich mich gut und selbstbestimmt. Mir ist schon klar, dass dies nicht jeden Tag möglich ist, aber ich werde mich dafür einsetzen, dass es funktioniert."

Die neuen Glaubenssätze, so fuhr er fort, hätten bereits Wirkung gezeigt und sich positiv auf seine Arbeit ausgewirkt: „Ich habe es schon ausprobiert, es klappt ganz gut. Manchmal gibt es einen kleinen Rückschlag, aber mittlerweile kommuniziere ich mehr mit meinen Mitarbeitenden und wir lösen Probleme gemeinsam. Die Zusammenarbeit und das Vertrauen untereinander haben sich enorm entwickelt."

Für jeden Tag, so erzählte er weiter, wähle er ein Motto, um die neue Überzeugung zu festigen und am Abend reflektiere er den Tag. Diese Strategie finde er genial, sie tue ihm, den Mitarbeitenden und damit auch dem Unternehmen gut.

Es bleibt festzuhalten, dass Max sich durch sein besonderes Engagement und sein offenes Mindset auszeichnet. Rückschläge sieht er als Chance zur Verbesserung. Der Anspruch, einen Fehler nur einmal zu machen, könnte ihn beim Überschreiben seiner Limitierung an seine Grenzen bringen. Aufgrund des starken Autonomiebedürfnisses hat Max sich sofort mit der Ursachen-Wirkungs-Kette auseinandergesetzt und wendet neu gewonnene Glaubenssätze in der Praxis an. Daher machte er sich sofort an die Umsetzung und fand in der pragmatischen und somit ebenso sehr klaren Strategie „Ein Tag geht immer!" eine erfolgreiche Methode – sowohl für einen gelungenen Start in den Tag als auch für die abschließende Reflexion am Ende des Tages. An seinem Selbstbild und der Visualisierung dessen wird Max noch arbeiten.

Michael: Bekenntnis zur eigenen Faulheit

Michael hat sich vorgenommen, die Überzeugung „Ich bin nicht liebenswert." loszulassen und zu überschreiben. Bei unserem Treffen wirkte er nachdenklicher als sonst. Er hoffe, diese Limitierung überwinden zu können, obwohl es ihm schwerfalle, diszipliniert und konsequent an diese Aufgabe heranzugehen. Bisher sei alles ja auch ohne diese Veränderung irgendwie gut gegangen.

„Ganz ehrlich, die meisten finden mich ja sympathisch, sonst würde ich nicht so viele Freunde haben und mich mein Chef nicht wertschätzen. Mein Problem ist, dass ich unschlüssig bin, ob ich jetzt wirklich etwas ändern muss. Ich bin sicher, ein toller Typ zu sein, denn ich bin fast immer zuverlässig, aber eben manchmal echt faul."

Auf die Frage, ob er diese Faulheit ablegen wolle, antwortete er mit einem Grinsen: „Das ist es ja, ich komme ganz gut damit durch. Ich mache die Dinge, die ich gern mache."

2.4 Vierte Etappe – Wie Sie Ihre Limitierungen überschreiben

„Wie zufrieden sind Sie dabei mit dem Ergebnis Ihrer Arbeit?"

„Sehr."

„Welche neue Überzeugung fällt Ihnen dann ein?"

Er zögerte, denn auf das Gespräch hatte er sich nicht vorbereitet. „Jetzt habe ich es.", sagte er dann. „Ich mache die Dinge, die ich gerne mache, sehr gut – und dabei finde ich mich echt liebenswert. Das fühlt sich gut an."

Michael kann nun damit beginnen, seine Limitierung zu überschreiben. Allein durch diesen ersten Schritt wird er positive Auswirkungen erleben. Dies wird seine Motivation steigern, weiter konsequent an sich zu arbeiten und somit ein selbstbestimmteres Leben zu führen.

Insgesamt zeigte er sich in dem Gespräch sehr einsichtig und aufrichtig. Durch intensives Nachfragen wurde deutlich, dass er lieber den bequemeren Weg geht und sich nicht zu weit aus seiner Komfortzone heraus bewegt. Diese Tendenz spiegelte sich auch darin wider, wie er sich seinen *David* vorstellt. Im Grunde ist er überzeugt davon, grundsätzlich positive Resonanzen zu erhalten.

Hinweis des Mind Change Profilers

Den gewohnten Pfad zu verlassen und sich auf Unbekanntes einzulassen, stellt für die meisten Menschen eine große Herausforderung dar.

Bei Max zeigt die Überwindung von Limitierungen bereits erste Erfolge und bestärkt den Weg zur persönlichen Veränderung. Die Hauptaufgabe, sich bewusst zu machen, welche Aspekte der Persönlichkeit freigelegt werden müssen, um die gewünschte Selbstentfaltung zu ermöglichen, hat Max schon erfolgreich angegangen. Auch, wenn noch Klärungsbedarf bezüglich seines *Davids* besteht, ist er auf dem besten Wege mit seinem offenen Mindset die neuen Glaubenssätze dauerhaft zu festigen.

Im Fall von Michael mag es zunächst ein Versuch gewesen sein, sich damit zu trösten, dass er meist positive Rückmeldungen erhält. Dennoch ist es ratsam, sich bewusst zu reflektieren — eine Aufgabe, der er sich noch stellen wird. Dabei hat Michael jedoch bereits erkannt, dass er sich aufgrund seiner Unzuverlässigkeit und Unehrlichkeit selbst nicht mag, auch wenn dies von anderen teilweise nicht bemerkt oder sogar toleriert wird.

ⓘ Blick zurück

Ziel der Etappe: Sie sind nun in der Lage zu entscheiden, hinderliche Glaubenssätze loszulassen und diese durch das Setzen von Tagesmottos in gewünschte Überzeugungen umzuwandeln.

Die Schritte:

1. *Verzeihen und die vorherige Überzeugung loslassen:* Durch die Kraft des Vergebens gelingt es uns, eine neue Überzeugung zu bilden.
2. *Die gewünschte Überzeugung finden:* Indem wir uns zunächst fragen, was ein gelingendes Leben ausmacht sowie persönliche Erfüllung bringt, entwickeln wir eine Haltung, die im Einklang mit unseren inneren Werten und Zielen steht.
3. *Die gewünschte Überzeugung bestärken:* Um die alte Überzeugung zu überschreiben, muss die neue Haltung fest verankert und gestärkt sein.
4. *Die neue Überzeugung im Alltag umsetzen:* Nun wird dies in den Alltag integriert. Ein Tagesmotto hilft, die förderlichen Glaubenssätze zu etablieren.

2.5   Fünfte Etappe – Neue Glaubenssätze leben

Erinnern Sie sich noch an Ihre Kindheit, an Momente, als Sie auf der Schaukel saßen? Manchmal war es gar nicht so einfach, auf das wackelige Brett zu gelangen, vor allem, wenn es etwas rutschig war.

Stellen Sie sich vor, Ihre neue Überzeugung ist wie diese Schaukel: Sie versuchen, sich auf das Brett zu setzen, was auf Anhieb nicht immer glückt. Oft braucht es mehrere Versuche und Geduld, bis wir uns sicher und stabil auf unserer „Lebensschaukel" fühlen. Und auch dann benötigen wir noch die Aufmerksamkeit und Energie, um den Schwung aufrechtzuerhalten. *„Energie folgt der Aufmerksamkeit."*

Wenn wir als Kind von unseren Eltern auf das Brett gesetzt und sanft oder teilweise auch kräftig angestoßen wurden, gab somit das Umfeld den Impuls vor. Das wurde oftmals zu einer bequemen Gewohnheit.

Als Erwachsener ist es an Ihnen, die Schaukel aus eigener Kraft in Bewegung zu setzen und zu halten. Doch zunächst entscheiden Sie, ob das Schaukeln genutzt werden soll, um Ihren Träumen nachzugehen oder den "Höhenrekord" brechen zu wollen. Dies erfordert Klarheit und Fokussierung. Ähnlich verhält es sich mit den neuen Glaubenssätzen. Wer nachlässt, verliert den Schwung, der nötig ist, um die förderlichen Überzeugungen aufrechtzuerhalten.
Sie haben es in der Hand, mit welcher Dynamik Sie sich bewegen. Hierzu ist aktives, bewusstes Handeln notwendig und die Entwicklung einer klaren Vision vom eigenen gewünschten ICH.

Herzlich willkommen in der fünften Etappe unserer Reise! Hier erfahren Sie, wie förderliche Glaubenssätze fest in Ihren Alltag verankern werden. Sie lernen mit ihnen leben, dadurch selbstbestimmter zu handeln und all jene Potenziale freizusetzen, die Ihnen bisher durch Limitierungen verwehrt waren.

Schritt I: Neue Gewohnheiten etablieren

Denken wir an Michelangelo und das Freilegen des *David*: Voraussetzung ist, dass Sie eine Vision von sich selbst definiert haben, mit der sich identifizieren.
Machen Sie sich bewusst, dass Ihr bisheriges ICH eine bestimmte innere Haltung entwickelt hat, und das basierend auf Erfahrungen und Prägungen, die einer subjektiven Wahrnehmung unterliegen.

Auf dem Weg zum neuen ICH spielen Ihre persönlichen Bedürfnisse und deren Erfüllung eine wesentliche Rolle. Dabei ist es von erheblicher Bedeutung, bereits in der Vorstellung das gewünschte ICH aktiv zu erleben und zu erfahren. Hierdurch werden zusätzliche neuronale Netzwerke gebildet.

Aristoteles sagte einst (ca. 350 Jahre v. Chr.): „Was man lernen muss, um es zu tun, das lernt man, indem man es tut."
Entscheidend ist jedoch, dass Sie von nun an durch Ihr Training bestimmen, in welche Richtung Sie Ihr Leben gestalten!

Strategien zur Entwicklung des neuen ICH:

Wer will ich ab heute sein?
Fragen Sie sich: Wie will ich mich fühlen, wie will ich mich ver-
halten und was will ich tun? Wie will ich über mich selbst denken?
Beantworten Sie die Fragen und dokumentieren Sie Ihre Ideen und
Gedanken. Idealerweise gestalten Sie in Ihrer Vorstellung ein Dreh-
buch für Ihr neues ICH.
Von innen nach außen
Visualisieren Sie diesen „Film" täglich nach dem Aufwachen und vor
dem Einschlafen.

Notieren Sie, welche Stärken Sie haben, welche Emotionen Sie damit
verbinden und wie Sie handeln werden. Erstellen Sie im Vorfeld eine
Übersicht über Ihre eigenen Stärken, Emotionen und Handlungen.
Zum Beispiel:

Stärken	Emotionen	Handlungen
ambitioniert	Stolz, Freude	hohe Ziele setzen und verfolgen
engagiert	Zufriedenheit, Energie	Projekte mit Leiden-schaft umsetzen
charismatisch	Selbstbewusstsein, Begeisterung	andere inspirieren und motivieren
motiviert	Enthusiasmus, Freude	proaktiv Herausfor-derungen angehen
lösungsorientiert	Ruhe, Zuversicht	kreative Lösungen finden

Transformation vom alten zum neuen ICH

Der Weg vom alten zum neuen ICH beginnt mit der bewussten Entscheidung, negative Emotionen und Glaubenssätze hinter sich zu lassen. Stattdessen werden nun positive, stärkende Überzeugungen und Gefühle kultiviert. Durch diese Umwandlung schaffen Sie eine solide Grundlage, um Ihre Ziele zu erreichen und Ihr volles Potenzial auszuschöpfen.

Aspekt	Altes ICH	Neues ICH
Beispiel	„Ich vergleiche mich immer mit anderen."	„Ich vertraue auf meine Stärken und setze sie gezielt ein."
Emotion	Frust/Wut	Stolz/Freude
Glaubenssatz	„Ich bin schlechter als andere."	„Ich bin mir meiner Fähigkeiten bewusst."
Limitierungen	„Ich versage, wenn es darum geht, schwierige Aufgaben zu bewältigen."	
Potenzial		„Ich sehe in jeder Aufgabe die Chance, meine Stärken einzusetzen und Lösungen zu finden."

Der gelungene Start in den Tag

Beginnen Sie Ihren Tag, indem Sie sich auf Ihr neues ICH fokussieren und somit Ihr Denken, Fühlen und Handel bewusst steuern. Setzen Sie sich zudem ein Tagesmotto, um Ihre Tagesziele mit mehr Energie und Motivation zu erreichen.

Persönlicher Nutzen:
- Sie fühlen sich erfüllter, weil Sie bewusster gestalten.
- Ein tägliches Motto hilft Ihnen, fokussiert und motiviert zu bleiben.

Mehrwert für den Führungsalltag:
- Sie bringen sich noch besser ein, erkennen und nutzen Chancen zu effizienteren Lösungsfindungen.
- Ihre positive Einstellung wirkt sich auch auf Ihr Team aus, was zu einer produktiveren und harmonischeren Arbeitsumgebung führt.

Tagesroutine und Triggerpunkte

Binden Sie veränderte oder neue Gewohnheiten, die Sie vom Tagesmotto ableiten, an feste Punkte in der Tagesroutine an. Optimal ist, wenn diese zur gleichen Zeit und am gleichen Ort ausgeführt werden, denn somit sind sie einfacher in den Alltag zu integrieren.

Beispiel: morgendlicher Kaffee

- *Ritual beim Kaffee:* Jeden Morgen, wenn Sie zur Kaffeemaschine gehen, nehmen Sie sich bewusst einen Moment Zeit, um Ihr Tagesmotto zu verinnerlichen.

- *Erleben:* Während der Kaffee durchläuft, visualisieren Sie, wie eine Ihrer Stärken im Laufe des Tages in einer konkreten Situation eingesetzt werden kann. Spüren Sie die positiven Emotionen, die damit verbunden sind, wie zum Beispiel: Stolz, Freude und Erfüllung.

- *Neuronale Verknüpfungen stärken:* Durch diese tägliche Visualisierung und das bewusste Erleben Ihrer Stärken, entstehen neuronale Verbindungen in Ihrem Gehirn, die Ihre Überzeugungen und Fähigkeiten verstärken.

Gedankenjournal führen

Verfolgen Sie Ihren Fortschritt, indem Sie Ihre Gedanken, Emotionen und Handlungen sowie den Lernfortschritt und die wertvollen Lerngeschenke notieren.

Nutzen Sie ein Gedankenjournal, um diese Einträge zu sammeln und zu reflektieren, denn kontrollierte Gedanken und Emotionen bedeuten, die Fäden über das eigene Leben selbst in der Hand zu haben.

Fokus auf das Ziel

Indem Sie sich über den Tag hinweg mehrfach kurze Reflexionszeiten einplanen, erkennen Sie, inwiefern Sie Ihrem Motto treu geblieben sind oder ob Sie sich korrigieren sollten, damit Sie ab diesem Moment wieder der Gestalter sind.

Selbstreflexion und Selbstempathie

Genießen Sie Ihre Erfolge jeden Abend und konzentrieren Sie sich auf das, was Ihnen besonders gelungen ist.
Seien Sie geduldig mit sich selbst und fokussieren Sie sich auf bereits positiv umgesetzte Verhaltensweisen.

Fazit:

Durch diese Methoden und die kontinuierliche Arbeit mit Ihrem neuen ICH werden Sie nicht nur Ihre persönlichen Ziele erreichen, sondern auch im Führungsalltag effektiver und erfüllter agieren.

Ihr verändertes Selbstbild eröffnet Ihnen ausgezeichnete Möglichkeiten, bisherige Limitierungen zu überwinden.

Hinweis des Mind Change Profilers

Entspannt veränderte Gewohnheiten etablieren
Veränderte Gewohnheiten zu etablieren, gelingt in einem entspannten Zustand leichter.

Gleichmäßige Bewegungen beruhigen das Nervensystem. Dies kann die Ausschüttung von Stresshormonen wie Cortisol reduzieren und die Produktion von Endorphinen und Serotonin fördern, was zu einem Gefühl der Entspannung und Freude führt. Das Gefühl der Geborgenheit und das Urvertrauen wird aktiviert.

Wissenschaftliche Studien belegen außerdem, dass das Schaukeln dabei unterstützt, zügiger in Entspannungszustände zu gelangen, was für Erholung und Regeneration essenziell ist. Zusätzlich beeinflusst Schaukeln das psychologische Grundbedürfnis nach Zugehörigkeit auf positive Art und Weise.

Während des Schaukelns kann ein Zustand des Tagträumens entstehen, in dessen die Vorstellungskraft und Fantasie gestärkt werden. Die Kenntnis davon sollte genutzt werden, um ebenfalls das Bild vom neuen ICH und den damit verbundenen Emotionen und Handlungen im inneren Auge entstehen zu lassen. Unterstützend wirkt weiterhin die Tatsache, dass das Gehirn nicht zwischen Realität und Vorstellung unterscheidet.

Kommen wir noch einmal auf das Beispiel des Vertriebsleiters Franz zurück.

Sein altes ICH war kontrollierend, misstrauisch und gab keine Verantwortung ab. Somit hatte er beschlossen, zukünftig eine vertrauenswürdige Führungskraft zu sein. Er entwickelte sein neues ICH und überschrieb seine alte Überzeugung „Vertrauen muss man sich verdienen." mit dem neuen Glaubenssatz „Ich schenke Vertrauen, indem ich Aufgaben gezielt nach den Stärken jedes Mitarbeitenden verteile und klar kommuniziere."

Dadurch fördert Franz die individuellen Fähigkeiten der Mitarbeitenden und steigert die Effizienz und Motivation. Die veränderte Überzeugung bedeutete für ihn eine Entscheidung für Offenheit und Transparenz. Franz nahm sich vor, in beruflichen und persönlichen Beziehungen mehr Vertrauen zu schenken.

Er hat aus seiner Überzeugung das Tagesmotto „Heute vertraue ich meinen Mitarbeitenden." abgeleitet. Auf dieser Basis könnte sein Tag wie folgt ablaufen:

Am Morgen, bevor Franz ins Büro geht, rekapituliert er das Motto beim täglichen Tee-Ritual. Er nimmt sich vor, den ganzen Tag jedem Teammitglied sein Vertrauen zu schenken und überlegt, wer für welche Aufgaben am besten geeignet ist.

Während des ersten Meetings ertappt Franz sich dabei, dass er bestimmte Aufgaben kontrollieren möchte. Durch die Erinnerung an sein Tagesmotto gelingt es ihm, diesen Impuls zu unterdrücken. Er entscheidet sich bewusst dafür, seinen Mitarbeitenden mehr Freiraum zu lassen – also darauf zu vertrauen, dass sie die ihnen übertragenen Aufgaben erfolgreich bewältigen werden. Franz ermutigt sie, eigene Ideen einzubringen und Verantwortung zu übernehmen. Im Laufe des Tages kommt es zu einigen unvorhergesehenen Situationen, die Franz normalerweise dazu veranlassen würden einzugreifen. Doch er besinnt sich seines Mottos und überlässt es seinem Team, die richtigen Maßnahmen zu ergreifen. Dieser erweiterte Verantwortungsbereich ermöglicht dem Team, gemeinsam eine Lösung zu finden. Somit werden die Aufgaben motivierter und effizienter erledigt.

Am Ende seines Arbeitstages reflektiert Franz die heutigen Erlebnisse und Erfahrungen. Dabei erkennt er, dass die bewusste Umsetzung seines Tagesmottos nicht nur zu einer positiven Dynamik im Team führte, sondern darüber hinaus ihm selbst ein Gefühl von Leichtigkeit gegeben hat. Franz analysiert, dass er in kritischen Situationen bewusster reagierte, was ihn sehr mit Stolz erfüllte.

Dadurch motiviert formuliert Franz das Motto für den kommenden Tag: „Heute gebe ich Verantwortung ab."
In Verbindung mit dem Motto überlegt er sich, seiner Assistentin vollständig die Verantwortung für die Planung der Kundenveranstaltung im nächsten Quartal zu übertragen. In seiner Vorstellung formuliert er konkrete Aussagen für das morgige Gespräch mit ihr. Franz sieht vor seinem inneren Auge, wie positiv seine Assistentin auf das entgegengebrachte Vertrauen reagiert. Er visualisiert, wie motiviert und inspiriert sie sich der Aufgabe widmet. Mit einem sehr positiven Gefühl geht Franz schlafen.

„Ein Tag geht immer!" – dieser Gedanke steht bei Franz für das tägliche Training, Vertrauen zu leben. Die daraus entstehende positive Dynamik trägt nicht nur zu seinem persönlichen Wachstum, sondern auch zur Teamentwicklung bei.
Mitarbeitende, die spüren, dass ihnen vertraut wird, gewinnen dadurch mehr Zutrauen in ihre eigenen Fähigkeiten und Leistungen. Hierdurch werden deren Persönlichkeiten gefestigt und gefördert. Dies sind wesentliche Faktoren, die schlussendlich ebenfalls dem Unternehmen zugutekommen.

Von der Reflexion zum bewussten Handeln

Die tägliche Reflexion des Tagesmottos ist nicht nur eine Rückschau auf die Erlebnisse des Tages, sondern auch die Gelegenheit innezuhalten, zu analysieren und zu verstehen, wie das gewählte Motto den Verlauf des Tages beeinflusst hat.

Die regelmäßige abendliche Reflexion bietet noch einen sehr nennenswerten Vorteil. Proaktiv negative Erlebnisse des Tages sofort mit Positivem zu überschreiben, ist hilfreich bei der Vorstellung, welches eigene Verhalten in einer ähnlichen Situation den Verlauf positiv gestaltet hätte.
Eintragungen in das Gedankenjournal verstärken den Prozess und inspirieren weiter.

Zur Vorbereitung auf den nächsten Tag ist empfehlenswert, das Motto des nächsten Tages festzulegen. Die mentale Fokussierung auf Herausforderungen unterstützt die Fähigkeit, Lösung zu finden, weil über Nacht während der Tiefschlafphasen Eindrücke, Gelerntes und auch Aufgabenstellungen unterbewusst verarbeitet werden.

Wechselnde Tagesmottos inspirieren

Ein täglicher Wechsel des Tagesmotto hat sich bewährt, um das emotionale Repertoire und verschiedene Aspekte der eigenen Persönlichkeit kennenzulernen. Während das übergeordnete Thema, zum Beispiel „Vertrauen" über mehrere Tage konstant verfolgt wird, bietet sich an, hierzu abwechselnde, konkrete Tagesmottos zu formulieren, die im weitesten Sinne ebenfalls mit dem Thema „Vertrauen" im Zusammenhang stehen.
Die Vielfalt der gewählten Tagesmottos ermöglicht es Ihnen, unterschiedliche Schwerpunkte zu setzen.

Das kann dann zum Beispiel so aussehen:

Montag: „Heute bin ich offen für eine neue Perspektive."
Dienstag: „Heute bin ich dankbar gegenüber meinen Mitmenschen."
Mittwoch: „Heute bin ich entschlossen in meinen Entscheidungen."
Donnerstag: „Heute bin ich auch wertschätzend für kleine Erfolge."
Freitag: „Heute bin ich gelassen in meinem Tun."
Samstag: „Heute bin ich verlässlich in meinen Aussagen."
Sonntag: „Heute bin ich verständnisvoll in meinem Umfeld."

Jedes Tagesmotto ist mit ausschließlich positiven Emotionen zu verknüpfen. Diese können beispielsweise Freude, Begeisterung, Leidenschaft, Stolz und Interesse sein.
Darüber hinaus ist es wichtig, Ziele in Bezug auf das Motto zu definieren und sich eigener Fähigkeiten und Stärken, die zur Erfüllung dieser beitragen, bewusst zu werden.
Durch die erfolgreiche Umsetzung eines Tagesmottos werden vorhandene Kompetenzen weiterentwickelt und zusätzliche erworben.

Hinweis des Mind Change Profilers

Die Mottos wirken im Sinne der „klassischen Konditionierung"
und lassen Gedächtnisspuren im Gehirn entstehen.
Im günstigsten Falle werden alle förderlichen Glaubenssätze
erfolgreich umgesetzt und hinderliche überschrieben.

Die Implementierung veränderter Denk- und Verhaltensweisen stellt einen längeren Trainingsprozess dar, weshalb im Verlauf dessen auch Rückschläge eintreten können.
Äußere Einflüsse, besonders Stress und Druck in hektischen
Zeiten, können überwunden geglaubte Denkmuster wieder
aufleben lassen. Mental belastende oder sehr emotional aufge-
ladene Situationen können diese unerwünschten Denkweisen
wieder aktivieren.
Dennoch stellt jeder Rückschlag andererseits die einzigartige
Möglichkeit dar, Erkenntnisse über die Ursachen zu ergründen
und Strategien für die zukünftige Vermeidung derer zu entwickeln. Somit bieten Rückschläge wertvolle Chancen für persönliches Wachstum.

Schritt 2: Mit Rückschlägen umgehen

Im Folgenden werden wir uns eingehender mit Rückschlägen befassen und lernen, sie als Teil des Weges zu akzeptieren.
Rückschläge bieten spezielle Gelegenheiten zum Lernen und lassen uns gestärkter in die Zukunft gehen.

Somit ist das Erleben von Misserfolgen ein wichtiger Bestandteil von Entwicklungsprozessen. Jedoch ist nicht der Rückschlag selbst, sondern die Reaktion darauf und das Ergreifen geeigneter Gegenmaßnahmen relevant.

Das SOLVE-Prinzip

SOLVE steht für Lösen: Stop! Observe! Let go! Visualize! Evolve! Die einzelnen Schritte fordern dazu auf, innezuhalten, die Situation zu beobachten, loszulassen, positive Visualisierung zu praktizieren und schließlich eine Weiterentwicklung in Richtung der eigenen Ziele anzustreben.
Diese klare Struktur ermöglicht, sich schnell auf förderliche Gedanken und Handlungen zu konzentrieren und negative Denkmuster zu durchbrechen.

- Stopp! *Stoppen und bewusstes Innehalten:* In einer kritischen Situation, wenn die hinderliche Überzeugung wieder Raum gewinnt, kommt es darauf an, innezuhalten und sich der eigenen Reaktion bewusst zu werden. Nur so ist es möglich, die Kontrolle zurückzugewinnen und Maßnahmen zu ergreifen, die wieder im Einklang mit der förderlichen Überzeugung stehen.
- Observe! *Beobachten, ohne zu bewerten:* Die Situation objektiv zu betrachten und sich die Frage zu stellen, welche Aussage

oder Erlebnis möglicherweise getriggert hat, unterstützt bei
der Analyse. Dieses „Beobachten ohne Bewerten" (BoB) ist
entscheidend, um eine neutrale Sichtweise zu bewahren und die
Ursachen für die Reaktion zu erkennen.

- Let go! *Loslassen:* Auf die Analyse folgt das Loslassen negativer Gedanken, welches ermöglicht, Kontrolle über Emotionen
  positiver Art zurückzugewinnen und die förderliche Überzeugung wieder zu aktivieren.
- Visualize! *Visualisieren:* Gewünschte Ergebnisse zu visualisieren
  und diese Vorstellung mit positiven Emotionen zu verbinden,
  unterstützt dabei, sich auf Lösungen zu konzentrieren. In der
  Folge dessen werden die negativen Einflüsse der Situation überwunden.
- Evolve! *Entwickeln:* Den Neustart als Chance zur Weiterentwicklung zu betrachten und sich kontinuierlich auf das Ziel auszu-
  richten bedeutet, stetige Evaluation für sich und Mitarbeitende.

Rückschläge künftig vermeiden

Positive Aspekte, die Rückschlägen abgewonnen werden können,
ändern jedoch nichts daran, dass sie möglichst vermieden werden
sollten.

Die Emotionsampel

Für die Vermeidung von Rückschlägen hat sich die Emotionsampel
mit den drei klassischen Farben Grün, Gelb und Rot bewährt.
Solange sie auf Grün steht, ist alles in Ordnung. Gelb signalisiert
bereits Unsicherheiten und bei Rot besteht höchstes Risiko, dass
die nicht förderliche Überzeugung in den Vordergrund rückt.
Die Ampel ist hilfreich, Emotionen zu kategorisieren und zu verstehen.

Dadurch können frühzeitig emotionale Warnsignale erkannt werden, um präventiv auf mögliche Rückfälle in negative Muster zu reagieren. In Bezug auf die Überzeugung „Ich vertraue." lässt sich die Ampel wie folgt beschreiben:

Grün (Gelassenheit und Vertrauen):
Zustand: alles läuft wie geplant, Vertrauen ist vorhanden
Gedanken: *„Ich bin zuversichtlich, dass die Dinge gut laufen werden."*
Emotionen: Zufriedenheit, Gelassenheit
Verhalten: offene Kommunikation, vertrauensvolle Delegierung von Aufgaben

Gelb (Unsicherheit):
Zustand: Unsicherheit, möglicherweise aufgrund unvorhergesehener Probleme
Gedanken: *„Es könnte herausfordernd werden."*
Emotionen: Anspannung, Vorsicht
Verhalten: aktive Problemlösung, Kommunikation zur Klärung

Rot (Vertrauensverlust):
Zustand: deutlicher Vertrauensverlust aufgrund von Fehlern
Gedanken: *„Ich bin enttäuscht und frustriert, aber ich kann daraus lernen."*
Emotionen: Enttäuschung, Frustration
Verhalten: Klärungsgespräche / Verhaltensänderung zum Vertrauensaufbau

Selbstempathie aufbauen

Selbstempathie trägt ebenso zum besseren Umgang mit Rückschlägen bei. Es bedeutet, mit Verständnis und Mitgefühl auf die eigenen Emotionen und Bedürfnisse zu reagieren. Der Aufbau von Selbstempathie stärkt die Fähigkeit, konstruktiv auf innere Konflikte zu reagieren und Rückschlägen entgegenzuwirken. Wie dies gelingen kann, wird am folgenden Ablauf deutlich:

Selbstreflexion: eigene Gefühle und die Gründe hierfür erkennen

Achtsames Zuhören: innere Monologe achtsam beobachten und nötigenfalls umlenken

Selbstverständnis: mitfühlend und nachsichtig mit sich selbst umgehen

Positive Selbstbestärkung: die Erinnerung an frühere Erfolge nutzen

Konstruktive Handlungen: einen klaren Plan für den Umgang mit diffizilen Situationen entwickeln

 Hinweis des Mind Change Profilers

Laut wissenschaftlicher Studien hat jeder Mensch circa 60.000 Gedanken am Tag, davon sollen nur drei Prozent positiver Art sein (vgl. Hockling, 2015). Im Umkehrschluss bedeutet dies, dass etwa 58.200 unserer täglichen Gedanken neutraler oder negativer Natur sind.

Beim Aufkommen von negativen Gedanken oder Zukunftsängsten ermöglicht die innere Selbstdisziplin, diesen entgegenzutreten und sie in den Hintergrund zu drängen. Stattdessen rücken die positiven Zukunftsbilder in den Vordergrund und rufen bessere Emotionen hervor.

Es liegt in der Selbstverantwortung jeder Persönlichkeit, für sich selbst eine gesundheitsfördernde Denkkultur zu entwickeln und permanent zu trainieren, um mentale Fitness und ein erfülltes Leben zu ermöglichen.

Schritt 3: Die Kraft der Imagination nutzen

In diesem Abschnitt widmen wir uns einem inspirierenden Prozess: Wir nutzen die Kraft der Imagination, um unsere persönliche Transformation voranzubringen und die neuen Überzeugungen fest in uns zu verankern. Im Ergebnis dessen sind mehr Selbstbestimmung, eine neugierige Betrachtungsweise auf das Leben und kontinuierliche Weiterentwicklung gegeben. Durch das „Lebendig-Zeichnen" Ihrer Träume und Ihres zukünftigen ICH werden Sie zum aktiven Gestalter Ihrer Lebensreise.

Durch Imagination zur Transformation

Mögliche Techniken, um Veränderungsprozesse einzuleiten, sind:

- *Visionäres Morgenritual:* sich positive Interaktionen für den beginnenden Tag zu visualisieren, stärkt das Vertrauen in sich selbst und beeinflusst die Reaktionen im Laufe des Tages
- *Mentales Drehbuch:* das Beschreiben von erwünschten Reaktionen in herausfordernden Situationen dient als Leitfaden für künftiges Verhalten, falls eine der simulierten Situationen eintritt
- *Meditation:* die Integration von Meditation im Alltag, um einen Zustand vollkommener innerer Entspannung von Körper und Geist zu finden
- *Brief an das zukünftige ICH:* in einem Tagebucheintrag oder einem persönlichen Brief an sich selbst persönliche Motivationen, Ziele und Wunschvorstellungen konkret ausformulieren

Die ständige Weiterentwicklung mit Leichtigkeit und Neugier gestalten

Wenn wir uns von der Vorstellungskraft leiten lassen und diese gezielt nutzen, wird einerseits der Transformationsprozess, der unsere neuen Überzeugungen in uns festigt, gefördert. Andererseits eröffnet sich auch die Chance, diese Reise mit Leichtigkeit, Neugier und ständiger Weiterentwicklung zu gestalten.

Leichtigkeit erfahren wir, indem wir gelassen und flexibel auf die Herausforderungen reagieren. Wenn Gelassenheit im eigenen Mindset einen festen Platz hat, dann gelingen – auch scheinbar schwer zu meisternde – Herausforderungen auf bessere Art und Weise.

Gleichzeitig ist es wichtig, dem Leben mit Neugier zu begegnen, denn durch eine wissbegierige Haltung öffnen wir uns für neue Erfahrungen, finden Freude in unserem Handeln, lernen fortlaufend dazu und bleiben für Wachstum offen.

Es ist entscheidend, das Leben als einen kontinuierlichen Entwicklungsprozess zu betrachten. Das bedeutet, dass wir uns ständig in Richtung unserer besten Version bewegen.

Gedankenflüsterer im Gespräch: Wie Vorstellungskraft das Leben formt

Lisy, Neco und Präco diskutieren über die Bedeutung der Imagination für die persönliche Entwicklung. Dabei wird deutlich, wie wichtig es ist, sich auf den eigenen Einflussbereich zu konzentrieren und diesen zu erweitern.

 „Ich finde Imagination spannend und es macht mir Spaß, die Träume und Ideen in meinem Kopf wachsen zu lassen.“

 „Genau, ich entwickle auch ständig Visionen, die ich umsetzen will. Oftmals passiert es mir, dass ich Details verändere und das Gesamtbild nach hinzugekommenen Erkenntnissen forme.“

 „Dabei ist es wichtig, das eigene Denken zu lenken, um fokussierter auf mich selbst und auf das, was ich will zu sein.“

 „Das Schöne daran ist, dass ich es förmlich genieße, wie frei meine Gedanken sind und das gibt mir Leichtigkeit.“

Hinweis des Mind Change Profilers

Das Modell des amerikanischen Bestseller-Autors Steven R. Covey kann helfen zu analysieren, welche Aufgabengebiete beeinflussbar sind und welche nicht. Hierbei unterscheidet er zwischen zwei Bereichen, dem „Circle of Concern" und dem „Circle of Influence".

Der sogenannte „Circle of Influence" beschreibt den Einflussbereich – all das, was beeinflussbar und gestaltbar ist, wie innere Haltung, Reaktionen, Verhalten und Entscheidungen. Der „Circle of Concern" umfasst all die Dinge, die außerhalb des Kontrollierbaren liegen, jedoch Aufmerksamkeit beanspruchen. Dazu zählen beispielsweise Nachrichten, das Verhalten anderer und Einflüsse aus der Umwelt. Bei hoher Investition von Aufmerksamkeit in den „Circle of Concern" steigt das Stressempfinden. Dabei gerät in den Hintergrund, was beeinflussbar ist, weshalb der „Circle of Influence" schrumpft. Im proaktiven Modus wird die Energie auf den Einflussbereich konzentriert, was zu mehr Selbstbestimmung führt.

Stephen R. Covey betont: „Unser Verhalten ist abhängig von unseren Entscheidungen, nicht von unseren Rahmenbedingungen."

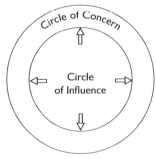

Pro-Aktive Einstellung

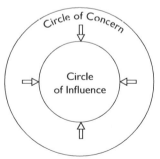

Re-Aktive Einstellung

(Abbildung 11: Energie folgt der Aufmerksamkeit)

VERTRAUEN IN SICH

So wie jeder Spitzensportler hart trainiert, um Meister zu werden, so erfordert auch das Leben ein bewusstes Training des eigenen Einflussbereichs („Circle of Influence").

Ein Instrument ist die *„WVD-Methode"* - eine Kombination aus Willen, Vorstellungskraft und Vertrauen sowie Disziplin, was entscheidend ist, um neue Überzeugungen zu etablieren.
Das Akronym *WVD* kann als Erinnerung und Leitfaden dienen, um sich auf die wesentlichen Komponenten der persönlichen Entwicklung und Zielerreichung zu konzentrieren:

*   *Wille (W)* und die damit verbundene Energie sind wichtig, um eine Veränderung herbeizuführen oder ein Ziel zu erreichen. Er steht für die starke Absicht und Motivation, sich neuen Herausforderungen zu stellen.

*   *Vorstellungskraft/Vertrauen (V)* ist die kreative Fähigkeit, sich lebhaft vorzustellen, wie die gewünschten Veränderungen aussehen. Sie ermöglicht eine klare mentale Visualisierung der Ziele. Sich auf diese Weise den Erfolg vor Augen zu führen, hält die Motivation aufrecht.

*   *Disziplin (D)* ist die Stärke, konsequent und hartnäckig an den festgelegten Zielen zu arbeiten. Disziplin steht für die Ausdauer und Selbstkontrolle, die notwendig sind, um auf dem Weg zum Erfolg durchzuhalten.

Bei der Anwendung dieser Methode ist es wichtig, sich vorher die Vision des neuen ICH detailliert zu definieren, um sich der eigenen Identität bewusst zu werden und somit gegenüber äußeren Einflüssen resistent zu sein.

Wie es bei den Kandidaten weiterging

Auch unsere beiden Kandidaten standen vor der Aufgabe, ihre neue Überzeugung zu leben und das damit freigesetzte Potenzial im Alltag zu nutzen. Ganz gleich, wer für die Position des Geschäftsführers der geeignetere Kandidat sein und wie die Entscheidung am Ende ausfallen würde.

Kandidat Max: Wie seine Vision des neuen ICH zum Mitspieler wurde

Max hatte seinen Glaubenssatz „Step by Step" erfolgreich hinter sich gelassen. Indem er sich jeden Tag ein Tagesmotto setzte und abends Zeit für eine kurze Reflexion nahm, lenkte er seine Aufmerksamkeit bewusst auf seine neue Überzeugung.

Max hatte sich jedoch noch nicht seine Vision von einem gelungenen Leben gebildet. Bei unserem letzten Treffen war ihm sein *David* noch nicht klar. Ich war gespannt, was er mir jetzt erzählen würde.
„Ich habe meinen inneren *David* herausgearbeitet", begrüßte er mich.

Sein Bild eines gelungenen Lebens und des neuen ICH umfasste die Fähigkeit, flexibel zu sein, Chancen zu erkennen und zu nutzen. Max erkannte, dass echtes Wohlbefinden und Erfolg nicht allein durch äußere Leistung, sondern ebenso durch innere Zufriedenheit und Selbstwertgefühl definiert werden. Sein Ziel war es, Menschlichkeit und Leistungsorientierung zu verbinden und eine Führungsrolle einzunehmen, die auf eigenen Entscheidungen und persönlichen Stärken basiert. Dadurch wollte er sein Potenzial nutzen und gleichzeitig für andere ein Vorbild sein.

Es bleibt festzuhalten:

Max hat eine systematische Vorgehensweise gewählt, mit der er seinen Transformationsprozess erfolgreich umsetzte. Er baute seine Stärken weiter aus und gestaltete aus eigener Kraft und Energie erfüllende Erfahrungen. Die damit einhergehende Stärkung seines Selbstwertgefühls verbesserte seine Autonomie im Umgang mit äußeren Rahmenbedingungen.

Kandidat Michael: Klarer Gewinn durch Selbsterkenntnis

Bei Michael spürte ich eine deutliche Begeisterung.
Aufgaben, die ihm Freude bereiteten, erfüllte er mit hoher Motivation, Engagement und Einsatz – ein klarer Gewinn. Die ehrliche Auseinandersetzung mit sich selbst zeigte jedoch, dass er sich dennoch nicht glaubwürdig fühlte, weder anderen Menschen noch sich selbst gegenüber. Die Selbsterkenntnis zeigte ihm, dass er oft nur das tat, worauf er Lust hatte und in seiner Selbstdarstellung Mitmenschen teilweise täuschte.

Jetzt, mit dem klaren Bewusstsein, dass Michael sich mehr engagieren wollte, suchte er Unterstützung. Sein Wunsch war, mit Menschen zu kommunizieren, Events zu organisieren und Spaß bei der Arbeit zu haben. Das alles sind Dinge, die gegenwärtige Aufgaben in seiner Position nicht erfüllten. Michael wollte das seinem Umfeld ehrlich mitteilen, ohne dabei befürchten zu müssen, seinen Job zu verlieren.

Sein Ziel war, glaubwürdiger und zuverlässiger zu werden. Vorhandene Stärken wollte er in anderen Bereichen einsetzen und weiterentwickeln, was zur Steigerung seines Selbstwertgefühls führen würde.

Die Bereitschaft, sich selbst zu hinterfragen und der Mut, sich mit den eigenen Grundbedürfnissen auseinanderzusetzen, markierten einen Wendepunkt. Michael wurde klar, dass das ständige Erfüllen fremder Erwartungen ihn in eine Position drängen könnte, die seinen eigenen Vorstellungen widerspricht.

Die zukünftige Herausforderung wird darin bestehen, seinen Willen und seine Disziplin zu nutzen, selbst wenn diese beiden Eigenschaften nicht zu seinen Stärken gehören. Dennoch verfügt er über eine ausgeprägte Vorstellungskraft, die ihn bei der Umsetzung seiner Pläne unterstützt.

 Hinweis des Mind Change Profilers

Selbsterkenntnis kann Berge versetzen.
In einem Umfeld, das die Erfüllung äußerer Erwartungen und Interessen erfordert, bleibt oft wenig Raum für die Auseinandersetzung mit dem eigenen Inneren. Das Bewusstwerden über Bedürfnisse, die wirklich wichtig und förderlich sind, ist der entscheidende Faktor zur Herbeiführung gewünschter Veränderungen.

Das Geheimnis des Erfolgs liegt also nicht nur im äußeren Handeln, sondern vor allem in der inneren Ausgeglichenheit und Zufriedenheit, die eine kraftvolle Basis für die Verwirklichung von Zielen darstellt.

(i) Blick zurück

Ziel der Etappe: Sie sind nun in der Lage neue Überzeugungen im Alltag zu verankern, mit Rückschlägen umzugehen sowie selbstbestimmter zu handeln.

Die Schritte:

1. *Neue Gewohnheiten etablieren:* Ausgehend von unserer neuen Überzeugung legen wir jeden Abend ein Tagesmotto fest, visualisieren es mit passenden Emotionen und integrieren es in den Alltag.
2. *Mit Rückschlägen umgehen:* Frühere Überzeugungen lassen sich nicht vollständig beseitigen, deshalb besteht immer die Gefahr in nicht förderliche Muster zu verfallen. Entscheidend ist es, diese Situationen als Gelegenheit zum Lernen zu sehen.
3. *Die Kraft der Imagination nutzen:* Indem wir uns von unserer Vorstellungskraft leiten lassen und positive, erfüllende Szenarien ausmalen, beschleunigen wir den Transformationsprozess, der die neue Überzeugung in uns festigt.

2.6   Sechste Etappe – Souveränität im Führungsalltag

Willkommen in der sechsten Etappe Ihrer außergewöhnlichen Reise zur Formung Ihrer Führungsexzellenz!
In diesem Kapitel werden Sie die neu gewonnene Energie nutzen, um Ihren Führungsalltag optimierter zu gestalten. Jetzt ist es an der Zeit, die entstandene innere Stärke nach außen zu tragen – sie als eine kraftvolle Quelle für Souveränität und Inspiration zu begreifen. Indem Sie aus dieser schöpfen, gewinnen Sie die Energie, auf äußere Einflüsse mit Ruhe und Klarheit zu reagieren.

Das aktive Arbeiten an sich selbst und der daraus resultierende Veränderungsprozess ermöglicht, ebenso das direkte Umfeld positiv zu beeinflussen. Das sind Qualitäten und Kompetenzen eines Mind Change Leaders, der ein eigenes Leitbild für sich selbst entwickelt hat.
Das Erkennen und die Förderung der Potenziale jedes einzelnen Mitarbeitenden fördert deren Stärken am Arbeitsplatz. Somit aktivieren Sie die inneren Ressourcen Ihres Teams und bieten eine Quelle der Inspiration und des Wachstums.

Die sechste Etappe Ihrer Reise weist den Weg zu einem Führungsstil, der von Souveränität, Resilienz und gemeinsamen Erfolgen geprägt ist.

Schritt I: Leitbild für zeitgemäßes Führen erstellen

Führungskräfte erkennen zunehmend die Notwendigkeit, ein Arbeitsumfeld zu schaffen, das von Anerkennung, Engagement und Loyalität geprägt ist.

Stammesgeschichtlich sind der Homo Sapiens und alle seine Vorfahren keine Einzelgänger. Die Fähigkeit zur Kooperation hat es dem modernen Menschen ermöglicht, sich im Verlaufe der Menschheitsgeschichte durchzusetzen.

Die grundlegende Tatsache, dass Zusammenarbeit effizientere Ergebnisse erzielt, wird im Führungsalltag oft nicht ausreichend berücksichtigt.

Hier liegt der Ansatz zur Entwicklung eines Leitbildes für zeitgemäßes Führen, das unter anderem die individuellen Grundbedürfnisse eines jeden Einzelnen beachtet. Diese Führungskompetenz schafft die Grundlage für mehr Performance und Empowerment innerhalb des Unternehmens.

Gewinner-Mindset ändert die Führungsweise

Angesichts dynamischer wirtschaftlicher und technologischer Umbrüche sowie sich stark wandelnder Konsumentenerwartungen sind Führungskräfte gefragt, vorausschauend handeln und erfolgreich durch turbulente Zeiten zu navigieren.

Eine wirksame Führung in dieser zunehmend unsicheren und komplexen Geschäftswelt ist mit dem Gewinner-Mindset eine erreichbare Realität.

Nachdem Sie sich von hinderlichen Glaubenssätzen befreit und Ihre Potenziale voll entfalten können, sind Sie nun in der Lage, eine zukunftsorientierte Führungshaltung einzunehmen.

Diese lässt sich wie folgt beschreiben:

Die Führungspersönlichkeit baut Vertrauen auf, agiert wertschätzend und transparent, beherrscht die Kunst der Delegation und kultiviert eine offene Kommunikation auf Augenhöhe.

Weiterhin versteht sie die eigenen Stärken und Schwächen sowie die persönlichen Prioritäten. Der bewusste Umgang damit legt die Grundlage für Glaubwürdigkeit.

Zeitgemäßes Führen bedeutet, die Bedürfnisse der Teammitglieder zu erkennen und in dem Maße zu erfüllen, welches für die Zielerreichung entscheidend ist.

Die Führungspersönlichkeit unterstützt eine nachhaltige, innovative Teamarbeit und gestaltet den Unternehmenserfolg umfassend mit.

Das Gewinner Mindset im Führungsalltag

Sehen wir uns am Beispiel von Franz an, wie sich das veränderte Mindset im Führungsalltag konkret auswirkt.

Er ist seit zwei Jahren in einer Führungsverantwortung für 500 Mitarbeitende. Durch das Implementieren neuer Überzeugungen und das Überwinden seiner Limitierung konnte Franz sich persönlich festigen und entwickeln. Es ist ihm nun möglich, Vertrauen entgegenzubringen, Verantwortung abzugeben sowie Mut und Zuversicht in seinem Umfeld auszustrahlen.

Doch wie geht er nun mit den Herausforderungen des verschärften Wettbewerbs sowie den veränderten Ansprüchen und Verhaltensweisen der Mitarbeitenden um?

Dank seines zurückgewonnenen Gewinner-Mindsets blickt Franz proaktiv in die Zukunft. Er hat eine klare Vision seines neuen ICH geschaffen, die ihm hilft, diese Anforderungen mit Energie und Kreativität zu erfüllen.

Im Führungsalltag hat Franz sich von den Warum-Fragen gelöst und stellt ausschließlich lösungsorientierte Fragen. Statt auf das Problem, konzentriert er sich auf die Lösung. Anstelle zu fragen: „Warum ist das so?", fragt er: „Wie gehe ich damit um, wie gestalte ich es?"

Emotionale Intelligenz in Verbindung mit zeitgemäßer Führung

Die Emotionale Intelligenz ist ein zentraler Aspekt zeitgemäßer Führung und beinhaltet folgende Faktoren:

*   Selbstwahrnehmung
*   Selbstregulation
*   Motivation
*   Empathie
*   Soziale Kompetenz

Emotionale Intelligenz zielt darauf ab, den Menschen in den Mittelpunkt zu stellen und ihn zu stärken.

Die folgenden drei Ansatzpunkte erklären, weshalb Emotionale Intelligenz so entscheidend für zeitgemäße Führung ist:

*   *Verständnis der individuellen Anliegen:* Die unterschiedlichen Ansprüche der Mitarbeitenden in Bezug auf Arbeitsumgebung, Anerkennung, Weiterentwicklung, Verantwortung oder Flexibilität zu erfüllen, fördert Zufriedenheit, Leistungsbereitschaft und Mitarbeiterbindung.

*   *Ermöglichung von Innovation und Kreativität:* Ein Umfeld, in dem Mitarbeitende sich sicher fühlen und kreativ sind, ist die beste Basis für Innovation.

- *Ethische und nachhaltige Führung:* Ethische Grundsätze und soziale Verantwortung in der Führung fördern nicht nur eine nachhaltige Unternehmenskultur, sondern stärken auch die Reputation des Unternehmens.

Emotionale Intelligenz ist eine Grundlage für Führungs- und Unternehmenserfolg, weil hierdurch richtige Entscheidungen getroffen werden.

Geben und Nehmen im Führungsalltag

„Fördern oder fordern? Fördern und fordern? Fördern durch fordern!" Dieses Zitat der Reformpädagogin Maria Montessori lässt sich auf den Führungsalltag übertragen und verdeutlicht, dass beide Elemente integriert werden sollten. Der Kern des Zusammenspiels zwischen Fördern und Fordern liegt im ausgewogenen Verhältnis von Geben und Nehmen.

Die Beziehung zwischen Förderndem und Gefördertem entfaltet seine volle Kraft erst im Wechselspiel gegenseitiger Unterstützung. Dabei ermöglicht die Investition in den Geförderten den Erfolg des Fördernden.
Im Umkehrschluss: Indem Sie Ihre Mitarbeitenden unterstützen, bereiten Sie darauf vor, die von Ihnen gestellten Anforderungen zu erfüllen.
Fördern und Fordern bilden somit eine untrennbare Symbiose und müssen grundsätzlich in einem ausgewogenen Verhältnis zueinanderstehen.

Geben und Nehmen ist Grundlage erfolgreicher Zusammenarbeit und Mitarbeiterentwicklung. Es lässt sich anhand von vier zentralen Werten beschreiben:

1. Transparenz:

Geben: Führungskräfte teilen relevante Informationen und Entscheidungsprozesse offen mit ihren Teams. Sie geben Einblick in die Unternehmensziele, Strategien und Veränderungen.

Nehmen: Mitarbeiter schätzen Transparenz und reagieren positiv darauf, indem sie ihrerseits diese Informationen offen annehmen und nutzen.

2. Wertschätzung:

Geben: Anerkennung und Lob sind wertvolle Methoden für Führungskräfte, positive Rückmeldungen zu geben, Leistungen anzuerkennen und Wertschätzung zu zeigen.

Nehmen: Mitarbeiter nehmen die Wertschätzung gerne an und sind dadurch motivierter und engagierter.

3. Vertrauen:

Geben: Vertrauensvolle Führungskräfte schenken Zuversicht, delegieren Verantwortung und zeigen, dass sie ihren Mitarbeitenden zutrauen, die gestellten Aufgaben zu bewältigen.

Nehmen: Mitarbeitende, die das Vertrauen ihrer Führungskraft annehmen, reagieren darauf mit mehr Verantwortungsbewusstsein und Eigeninitiative.

4. Augenhöhe:

Geben: Führungskräfte auf Augenhöhe schaffen eine offene Kommunikationskultur und begegnen ihren Mitarbeitenden mit Respekt unabhängig von der Unternehmenshierarchie.

Nehmen: Mitarbeitende nehmen aktiv den Respekt an und fühlen sich ermutigt, ihre Perspektiven und Ideen auf Augenhöhe einzubringen.

Es bleibt festzuhalten: Geben und Nehmen in der Führungsarbeit setzt auf eine wechselseitige Beziehung zwischen Führungskräften und Mitarbeitenden. Durch das Geben von Werten schaffen Führungskräfte ein unterstützendes Umfeld und erhalten im Gegenzug höhere Leistungsbereitschaft, Loyalität und eine verbesserte Arbeitseinstellung ihrer Teams. Allerdings können auch Mitarbeitende proaktiv in die Geber-Rolle eintreten und somit ihrerseits entsprechende Rückbestätigung erfahren.

Der Einfluss der fünf psychologischen Grundbedürfnisse

Bei allen individuellen Ansprüchen jedes einzelnen Mitarbeitenden darf nicht außer Acht gelassen werden, dass die psychologischen Grundbedürfnisse für das eigene Wohlbefinden des Betreffenden eine Rolle spielen.

Diese können sich in den verschiedenen Lebensphasen verschieben, dennoch sollte sich jeder Mitarbeitende selbst hinterfragen, welche Prioritäten er setzt.

Wie Franz hierfür Lösungen findet

Franz verstand sehr schnell, wie wichtig es ist, die individuellen Bedürfnisse der Mitarbeiter zu erkennen und auf diese einzugehen. Seine Ideen setzte er wie folgt um:

1. *Zugehörigkeit/Bindung:* Franz fördert das Gemeinschaftsgefühl, indem er regelmäßige Teambuilding-Aktivitäten durchführt und offene Kommunikation fördert. Die Mitarbeitenden fühlen sich stärker miteinander und mit dem Unternehmen verbunden.

2. *Autonomie:* Franz ermutigt zu eigenverantwortlichem Handeln und Entscheiden. Die Mitarbeitenden haben Raum, ihre Fähigkeiten zu entfalten und fühlen sich in der Lage, Aufgaben auf individuelle Weise zu bewältigen.

3. *Orientierung/Kontrolle:* Franz sorgt für klare Ziele und Richtlinien. Die Mitarbeitenden haben eine eindeutige Vorstellung von ihrer Funktion und den Unternehmenszielen, was ihnen Sicherheit und Orientierung gibt.

4. *Selbstwert:* Franz erkennt die individuellen Stärken jedes Mitarbeitenden an und würdigt dessen Arbeit. Dies steigert das Selbstwertgefühl und fördert ein positives Arbeitsklima.

5. *Lust/Freude:* Franz integriert Spaß und Kreativität in den Arbeitsalltag. Motivation, Freude und eine neu gewonnene Leichtigkeit fördern die Mitarbeiterzufriedenheit.

So hat Franz ein Arbeitsumfeld geschaffen, welches das ganze Team motiviert und inspiriert. Die erste Bilanz ist überaus positiv: Die Mitarbeitenden fühlen sich wertgeschätzt, ihr Engagement ist gestiegen und die Zusammenarbeit hat sich verbessert.

Hinweis des Mind Change Profilers

Psychosoziale Kompetenz ist der Ansatz, eine Kultur zu schaffen, die individuelle Bedürfnisse erkennt und berücksichtigt. Sie spiegelt sich in gesteigerter Mitarbeiterzufriedenheit und Produktivität wider.
Geben und Nehmen wird durch die positiven Auswirkungen auf Glück und Wohlbefinden weiter untermauert.
Ein wissenschaftlicher Beleg hierzu findet sich in der über 80-jährigen Langzeitstudie „Harvard Study of Adult Development", welche bestätigt, dass sinnhafte Beziehungen positiven Einfluss auf Gesundheit und Glücksempfinden haben. Probanden, die sich auf die „Geber-Seite" gestellt haben, fühlten sich glücklicher, was ebenfalls in den Hirnaktivitäten nachgewiesen wurde.

Wichtig ist, dabei zu beachten, dass sich die Grundeinstellungen von Gebern und Nehmern durch Generationenwechsel verändert haben.
Aufgrund modifizierter Ansichten bezüglich Work-Life-Balance und Work-Life-Blending werden andere Prioritäten gesetzt und somit verändern sich auch die Bedürfnisse.
Das gesunde Einschätzen der Anforderungen eines jeden Mitarbeitenden an sein Arbeitsumfeld und die Arbeitsbedingungen ist nötig, um auch hier treffend zu reagieren.

Schritt 2: Positionen mit den richtigen Mitarbeitenden besetzen

Das gezielte Einsetzen der Mitarbeitenden gemäß individuellem Potenzial stärkt nicht nur das Team, sondern fördert auch das Wachstum und die Zufriedenheit jedes Einzelnen. Dadurch entsteht ein Arbeitsumfeld, das von Vielfalt und Synergien geprägt ist und die volle Entfaltung des kollektiven Potenzials ermöglicht.

Unterbewusste Vorurteile abbauen

Oft verhindern vorgefasste Meinungen richtige Entscheidungen. Allzu schnell werden Mitarbeitende oder Bewerber mit Etiketten wie „Hat zu wenige Stationen in seinem Lebenslauf und ist somit unflexibel." oder „Ist zu jung, um Führungsverantwortung zu übernehmen." versehen. Diese Vorurteile bergen die Gefahr, die tatsächlichen Potenziale zu übersehen und sie nicht oder an falscher Stelle einzusetzen.

Unterbewusste Vorurteile sind allgegenwärtig und beeinflussen Denken, Fühlen und Handeln, ohne, dass wir es wahrnehmen. Sie wirken sich subtil, jedoch signifikant auf Entscheidungsprozesse, Teambildung und die Entwicklung von Mitarbeitenden aus.

Um mögliche Vorurteile zu erkennen und abzubauen, ist es hilfreich, sich selbst zu reflektieren und bezüglich der eigenen psychologischen Grundbedürfnisse zu hinterfragen:

1. *Autonomie:* Was denken Sie über Menschen, die anderer Meinung sind als Sie? Neigen Sie dazu, ihnen Ihre eigenen Überzeugungen aufzudrängen?
2. *Zugehörigkeit/Bindung:* Neigen Sie dazu, sich ausschließlich Menschen innerhalb Ihrer vertrauten Gruppen zuzuwenden oder sind Sie offen für einen neuen Wirkungskreis?
3. *Selbstwert:* Was denken Sie über Personen, die offensichtlich erfolgreicher sind und positiver wirken als Sie? Haben Sie den Eindruck, dass Sie dadurch herabgesetzt werden?
4. *Orientierung/Kontrolle:* Empfinden Sie es als unabdingbar, Kontrolle über bestimmte Situationen oder Gruppen auszuüben? Wie wirkt sich das auf Ihren Arbeitsalltag aus?
5. *Lust/Freude:* Wie gehen Sie mit Menschen um, die Freude und Energie ausstrahlen und vermeintlich nur positive Erlebnisse haben? Gönnen Sie ihnen das?

Welche Reaktionen auf diese Fragen sind bei Ihnen am stärksten ausgeprägt? Die Antworten können auf unerfüllte Grundbedürfnisse hinweisen. Nehmen Sie sich die Zeit, darüber nachzudenken und zu prüfen, welche Grundbedürfnisse bei Ihnen möglicherweise nur teilweise erfüllt sind. Sorgen Sie für eine bessere Erfüllung derer und fördern Sie somit positives und förderliches Verhalten gegenüber sich selbst und anderen.

Beobachten, ohne Bewerten - BoB

Von zentraler Bedeutung ist es, das Umfeld sorgfältig zu beobachten, ohne zu bewerten.
Richten Sie Ihre Denkweise bewusst auf Neutralität aus. Achten Sie auf Veränderungen im Verhalten der Mitarbeitenden bzgl. Körpersprache, Haltung und Stimme.
Stellen Sie Auffälligkeiten fest, ist es sinnvoll Gespräche zu führen, in denen Sie Ihre Beobachtungen thematisieren.

Schritt 3: Für mehr Vertrauenswürdigkeit sorgen

Vertrauen ist eine Grundvoraussetzung im Führungsalltag.
Die traditionelle Sichtweise geht davon aus, dass es in der Verantwortung der Mitarbeitenden liegt, sich als vertrauenswürdig zu erweisen. Das zeitgemäße Führungsverständnis kehrt diese Annahme nicht komplett um, betrachtet jedoch die Bringschuld auf beiden Seiten in einem ausgewogenen Verhältnis.

Die Elemente von Vertrauenswürdigkeit

Das Zusammenspiel von besonderen Stärken bildet Vertrauenswürdigkeit, die stärker oder schwächer ausgeprägt sein kann.

- *Glaubwürdigkeit:* Diese ist sowohl an Aussagen als auch am Verhalten erkennbar. Hierbei ist relevant, welche Informationen weitergegeben und wie diese durch Handlungen bestätigt werden.
- *Zuverlässigkeit:* Der Fokus liegt darauf, Termine und Versprechen einzuhalten, wobei nur erfüllbare Vereinbarungen getroffen werden dürfen.
- *Vertrautheit:* Im Vordergrund stehen nahbare Kontakte, zu denen Beziehungen aufgebaut werden können. Dies vermittelt Sicherheit und Akzeptanz.
- *Selbstorientierung:* Persönliche Ziele und Motive im eigenen Interesse stehen im Vordergrund, weshalb dies zu einer Reduzierung der Vertrauenswürdigkeit führt.
- *Vertrauenswürdigkeit:* Die Summe der drei Elemente Glaubwürdigkeit, Zuverlässigkeit und Vertrautheit in einer ausgewogenen Relation zur Selbstorientierung bildet eine Führungskultur, die entscheidend zum Unternehmenserfolg beiträgt.

2. DIE REISE

$$\text{Vertrauenswürdigkeit} = \frac{\text{Glaubwürdigkeit} + \text{Zuverlässigkeit} + \text{Vertrautheit}}{\text{Selbstorientierung}}$$

Vertrauenswürdigkeit wird von David Maister, Charles Green, and Robert Galford in ihrem Buch „The Trusted Advisor " mit den positiven Softskills Glaubwürdigkeit, Zuverlässigkeit und Vertrautheit in der Summe definiert.

Jedoch dividiert sich diese um den Grad von Selbstorientierung, weil durch das Fokussieren auf sich selbst die Perspektive auf andere und die Gesamtziele des Unternehmens eingeschränkt werden.

Führungspersönlichkeiten mit ausgeprägten Führungskompetenzen strahlen diese Skills aus.

Die Gedankenflüsterer diskutieren über Vertrauenswürdigkeit

 „Mit einem vertrauenswürdigen Chef fühle ich mich viel glücklicher und zufriedener. Da kann ich auch kreativ sein meine Ideen einbringen."

 „Ja, das stimmt. Es gibt Sicherheit und ermöglicht effizienteres Arbeiten. Nur so werden die Ergebnisse erzielt, die zum allgemeinen Erfolg beitragen."

„Richtig und so können wir aktiv mitgestalten, vorausschauend planen und das Unternehmen voranbringen. Das ist die wünschenswerte Vorstellung."

Wie es bei den Kandidaten weiterging

Max und Michael haben angefangen, ihre neuen Überzeugungen im Alltag zu leben. Das hat sie in ihrer persönlichen Entwicklung vorangebracht.

Beide bringen ihr neues ICH zum Vorschein und haben nun eine klare Zielvorstellung über zukünftiges Sein und Handeln. Sie wollen sich ebenso als Führungskräfte beweisen und eine Inspirationsquelle für ihre Mitarbeitenden sein. Die Kandidaten beginnen, die Potenziale ihrer Mitarbeitenden zu erkennen und aktiv zu entwickeln.

Kandidat Max: Energie eröffnet unendliche Möglichkeiten

Max fühlt sich zunehmend wohl mit seinem neuen ICH. In Bezug auf seine Persönlichkeit hat er an Klarheit gewonnen und weiß, wer er sein will.

Als er begann, sich mit den Bedürfnissen seiner Mitarbeitenden zu beschäftigen und diese mit dem selbst erstellten Führungsleitbild abzugleichen, kamen bei ihm Zweifel bezüglich seiner Vertrauenswürdigkeit auf.

Max suchte aktiv das Feedback der Mitarbeitenden seiner Abteilung und ebnete damit den Weg für eine Kultur der offenen Ansprache.

Eine Mitarbeiterin gab Max die ehrliche Rückmeldung, dass sie meinte, sich in den letzten zwei Jahren nicht verstanden gefühlt zu haben, sich jedoch in den letzten Monaten Veränderungen eingestellt hätten. Sie teilte ihm mit, dass seine offene Kommunikation es ihr erleichterte, ihm zu vertrauen und Feedback zu geben.

Um die Vertrauenswürdigkeit gegenüber seinen Mitarbeitenden zu erhöhen, führt sich Max immer wieder die „Vertrauensformel" vor Augen um zu prüfen, inwieweit er deren Kriterien erfüllt. Regelmäßiges Feedback, sowohl das Geben als auch das Einholen, hat er zu einem zentralen Instrument für seine Führungspraxis gemacht.

Die Schlüsselerkenntnis für Max war, sich ständig weiterzuentwickeln und so aktiv zur Vertrauenswürdigkeit beizutragen. Insbesondere die Kunst des Gebens und Nehmens, des Entgegenbringens und Empfangens von Vertrauen und Wertschätzung waren Kerngedanken seiner Veränderung.

Max sieht sich für alle Herausforderungen gewappnet.

Kandidat Michael: Die Kraft der Selbstentwicklung und geteilter Freude

Michael hat sich auf eine transformative Reise der persönlichen Entwicklung begeben und seine Führungskompetenz gesteigert. Seine gestärkte Persönlichkeit spiegelt sich in einer freieren Denkweise und einer wertschätzenden Interaktion mit seinem Team wider.

Michael erkennt die Bedeutung von Vertrauen und bewegt sich weg von einer egoistischen Selbstorientierung hin zu einer offeneren Kommunikation im Team. Die Einführung von Tagesmottos für sich selbst und die positive Einbindung seiner Mitarbeitenden schafft eine Arbeitsatmosphäre, die von Engagement und Verantwortungsbereitschaft geprägt ist.

Entwicklung mit Neugier zu gestalten und Freude als Energiequelle zu nutzen, hat nicht nur sein eigenes Wohlbefinden gesteigert, sondern sich ebenso positiv auf das gesamte Team auswirkt.

Hinweis des Mind Change Profilers

„Jedem Anfang wohnt ein Zauber inne" – sagte Hermann Hesse. In diesen Worten liegt die Botschaft, dass hinter jedem Neubeginn etwas Besonderes, Magisches und Potenzialvolles steckt.

Die Vorstellung, dass Anfänge von Entwicklungs- und Lernmöglichkeiten durchdrungen sind, ermutigt dazu diese als Chancen des Wachstums zu betrachten.

Das Verhalten der Kandidaten zeigt, wie entscheidend ein Neustart ist, der Bedürfniserfüllung und das Überwinden von Limitierungen in den Vordergrund stellt.

Für Max ist es bedeutsam, kontinuierlich zu wachsen und in größeren Dimensionen zu denken.
Michael arbeitet auf der zwischenmenschlichen Ebene daran, ein solides Fundament für seine Mitarbeiterführung aufzubauen.

Es gilt, die Energie eines Neustarts zu nutzen und in die gewünschte Richtung zu lenken.

(ℹ) Blick zurück

Ziel der Etappe: Sie konnten Ihr Gewinner-Mindset zurückgewinnen, indem Sie limitierende Überzeugungen überwunden haben. Das ermöglicht, im Führungsalltag souveräner zu agieren.

Die Schritte:

1. *Leitbild für zeitgemäßes Führen erstellen:* Ausgehend vom Gewinner-Mindset, das uns inzwischen zur Verfügung steht, entwickeln wir ein Leitbild, das sich an einer modernen Vision von Führung orientiert.
2. *Positionen mit den richtigen Mitarbeitenden besetzen:* Wenn wir als Führungskraft erfolgreich sein wollen, ist es entscheidend, die individuellen Bedürfnisse, Stärken und Fähigkeiten der Mitarbeitenden zu kennen und den bestmöglichen Einsatz der Ressourcen zu ermöglichen.
3. *Für eine Vertrauenskultur sorgen:* Vertrauen ermöglicht den Zugang zu einer Arbeitswelt, in der Innovationen gedeihen, Gewinne erzielt und individuelle Leistungen auf ein höheres Niveau gebracht werden.

2.7 Siebte Etappe – Die richtigen Entscheidungen treffen

Ein Feld voller Möglichkeiten hat sich aufgetan, nachdem Sie sechs Etappen der Selbstreflexion, des Entdeckens und der persönlichen Entwicklung durchlaufen haben. Jede Etappe hat Sie Ihrem vollen Potenzial nähergebracht, Ihnen wertvolle Einsichten geschenkt und Ihnen geholfen, Ihre Limitierungen zu überwinden.

Kurzum: Die Reise hat sich gelohnt, denn Ihr Gewinner-Mindset ist zurück. In der Zwischenzeit wurde es durch zahlreiche positive Erfahrungen gestärkt.

Damit sind Sie bereit für die siebte Etappe, in der es gilt, die richtigen Entscheidungen für Ihre persönliche und berufliche Zukunft zu treffen. Ausgestattet mit dem Wissen, das Sie in den vorherigen Etappen erworben haben, sind Sie in der Lage, sich selbst besser zu verstehen und Ihr Leben sowie den Führungsalltag bewusster zu gestalten.

Richtige Entscheidungen für die eigene Zukunft zu treffen, bedeutet vor allem, dass diese im Einklang mit der eigenen Identität stehen müssen.

Gehen Sie also entscheidungsfreudig und fokussiert voran, indem Sie sich Ihrer Identität und Ihrer Ziele bewusst werden.

Schritt 1: Sich selbst treu bleiben

Lassen Sie sich bei Ihren persönlichen Entscheidungen von äußeren Einflüssen leiten?
Allzu oft wird bei Entscheidungsfindungen die Erwartungshaltung des Umfelds einbezogen und es erfolgt eine Identifizierung mit Rollenbildern und anderen äußeren Normen. Diese Identifikation mit Fremdfaktoren steht oftmals im Widerspruch zu eigenen inneren Bedürfnissen und dem Selbstbild, welches ein Teil der Identität ist.

- *Identität* bezieht sich auf das grundlegende Verständnis von sich selbst, einschließlich der eigenen Werte, Überzeugungen, Stärken, Schwächen und Lebensziele.

- *Identifikation* hingegen bezieht sich auf die Art und Weise, wie sich mit äußeren Einflüssen und Erwartungen identifiziert wird.

In diesem Schritt werden Sie sich bewusst, was Ihre wahre Identität ist, welche Bedürfnisse Ihnen wichtig sind, nach welchen Werten und Überzeugungen Sie handeln wollen.

Identität – Der Kompass auf dem Lebensweg

Die Entwicklung der Identität ist ein komplexer Prozess, der tief im ICH verankert ist und das gesamte Leben maßgeblich beeinflusst. Überlegungen verschiedener renommierter Psychologen beschäftigen sich intensiv mit Selbsterkenntnis und Selbstgestaltung.

Die Entwicklungspsychologen Rolf Oerter und Leo Montada entwickelten ein Konzept, das die Wechselwirkung zwischen Selbsterkenntnis und Selbstgestaltung betont.

- *Selbsterkenntnis:* Diese ermöglicht ein klares Bild des eigenen ICH mit dem Erkennen von Stärken, Schwächen, Bedürfnissen und Werten. Durch die Reflexion der Identität und die Auseinandersetzung mit Lebenserfahrungen wird ein tieferes Verständnis vom eigenen ICH gewonnen.

- *Selbstgestaltung:* Über die Selbsterkenntnis wird die aktive Gestaltung der Identität ermöglicht, wobei die Klarheit über eigene psychologische Grundbedürfnisse sowie das Festlegen von Zielen, Werten und Lebensweisen Voraussetzungen sind.

Die von ihnen beschriebenen Prozesse dienen auf dem Lebensweg als Kompass, der sowohl ein besseres Selbstverständnis ermöglicht als auch die Entwicklungsrichtung bestimmt.

Identifikation – Der Bezug zum Außen

Die Identifikation bezieht sich darauf, wie stark eine Bindung zu Gruppen, Fremderwartungen und Idealen anderer ist. Sie zeigt somit auf, welchen Stellenwert die Verbindungen mit dem Umfeld haben.

Steht Franz vor der Chance seines Lebens?

Zurück zu Franz, dem 39-jährigen Vertriebsleiter eines Industriekonzerns.

2.7 Siebte Etappe – Die richtigen Entscheidungen treffen

Auf einem Zukunftskongress lernte er Josef kennen - einen sehr erfolgreichen Unternehmer, 75 Jahre alt und kinderlos. Aus der Begegnung entwickelte sich ein monatlicher Austausch, der zu einer tiefen Freundschaft führte, die viele Merkmale einer Vater-Sohn-Beziehung hatte. Franz kannte das aus seiner eigenen Familie nicht.

Nach etwas mehr als einem Jahr unterbreitet Josef ein Angebot, das nicht nur unerwartet kommt, sondern Franz' ganzes Leben verändern könnte: Josef bietet ihm die Unternehmensnachfolge an. Die Bedingungen sind so außergewöhnlich wie das Angebot selbst, denn Franz und ein mitarbeitender Verwandter von Josef sollen jeweils 50 Prozent der Unternehmensanteile erhalten und damit alle Entscheidungen gemeinsam tragen. Josef ist es aus sozialen Gründen heraus wichtig, dass der Verwandte im Unternehmen verbleibt. Franz soll sich um Vertrieb und Marketing kümmern, während sein zukünftiger Mitgeschäftsführer den technischen Bereich übernimmt. Außerdem soll Josef bis zu seinem 85. Lebensjahr fünf Prozent des Gewinns erhalten, danach soll dieser Anteil sozialen Zwecken zukommen.

Das Kaufangebot beläuft sich auf eine Million Euro, zahlbar innerhalb von fünf Jahren, was deutlich unter dem Marktwert liegt.

Für Franz bietet sich die Chance, seinen Traum zu verwirklichen und Unternehmer zu werden. Das Angebot ist mehr als verlockend - ein florierendes Unternehmen, eine solide Mitarbeiterbasis und starke Marktposition. Doch Franz, der inzwischen gelernt hat, sein Gewinner-Mindset zu nutzen, fragt sich, ob diese Gelegenheit wirklich seinem neuen ICH entspricht. Würde die Annahme des Angebots seiner Identität entsprechen?

Während der Entscheidungsfindung spürt er eine innere Unruhe und fragt sich, woran das liegen könnte.
Wie wird Franz sich entscheiden?

Schritt 2: Abgleich mit den psychologischen Grundbedürfnissen

Trotz verlockender Angebote ist es unabdingbar, die eigenen Ziele und Wünsche herauszuarbeiten, die im Einklang mit der Identität stehen und auf die Grundbedürfnisse abgestimmt sind.

Oftmals verleitet der Drang nach Anerkennung und Selbstwert dazu, Kompromisse einzugehen, die von der eigenen Identität entfernt sind.

Durch das Bewusstmachen, welche der fünf psychologischen Grundbedürfnisse von zentraler Bedeutung sind, wird das Treffen richtiger Entscheidungen unterstützt.

Die Ausgangslage bei Franz: Ein ungutes Bauchgefühl

Franz erinnert sich an die Worte seiner Mutter: „Unser Leben ist eine Reise und wahres Glück finden wir nur, wenn wir aus unserer Identität heraus entscheiden. Nur so sind wir stark und ausgewogen." Seine Mutter lebt ihm das noch immer vor. Auch, wenn er ihre Entscheidungen nicht immer nachvollziehen konnte, verkörpert sie für ihn heute eine erfolgreiche, erfüllte und glückliche Persönlichkeit. Seine Mutter ist für Franz zu einem beeindruckenden Vorbild geworden. Sie hat es geschafft, eigene Bedürfnisse zu erfüllen, dabei die Familie auf eine respektvolle Art und Weise zusammenzuhalten und gewonnene Freiheiten für ihren beruflichen Erfolg zu nutzen.

Dank dieser Erfahrungen und der Überwindung seiner Limitierungen wusste Franz, dass er sich selbst drei Fragen beantworten musste, um über Josefs Angebot entscheiden zu können:

2.7 Siebte Etappe – Die richtigen Entscheidungen treffen

1. Finde ich mich als Persönlichkeit in der angebotenen Position wieder?
2. Welche Bedürfnisse sind mir besonders wichtig?
3. Was will ich wirklich erreichen?

Für Franz war es entscheidend, sich selbst zu vertrauen und eine glaubwürdige, zuverlässige Persönlichkeit zu werden und selbstbestimmt zu agieren. Er hat kontinuierlich an sich gearbeitet und sich zu einer zielorientierten und konsequenten Führungskraft entwickelt, die Leistungsorientierung und Menschlichkeit miteinander verbindet.

Franz entschied sich bewusst dafür, sich nur mit dem zu identifizieren, was seinen Bedürfnissen entsprach und für ihn förderlich war. Konsequent beendete er einige langjährige Freundschaften und öffnete sich für neue Begegnungen. Seine wichtigsten Werte sind Professionalität, Leistungsorientierung und Wertschätzung im beruflichen sowie Toleranz, Freude und Liebe im privaten Umfeld.

Bei der Entscheidungsfindung verspürt Franz einen Konflikt. Einerseits mag er Josef sehr und hat zu ihm ein vertrauensvolles Verhältnis. Andererseits ist eine Unsicherheit vorhanden, denn die Rahmenbedingungen geben ihm zu denken: „50 zu 50", das könnte bedeuten, dass er nicht immer die alleinige Entscheidungsfreiheit hat. Zweifel steigen in ihm auf, denn das würde seine Autonomie massiv einschränken.

Franz will seinem unguten Bauchgefühl nachgehen. „Diesen Verwandten muss ich kennenlernen", denkt er und vereinbart einen Gesprächstermin mit Josef und seinem Verwandten Karl. Er möchte herausfinden, welche Vorstellungen Karl hat und inwieweit es Schnittmengen gibt.

2. DIE REISE

Ziele in Bezug auf Identität und Identifikation

Schauen wir uns an, welche Ziele Franz in Bezug auf seine Identität und Identifikation formuliert hat.

Hier zunächst ein Blick auf seine Identitätsziele:

- *„Ich bin eine sinnstiftende und ergebnisorientierte Führungskraft, indem ich kontinuierlich an meiner persönlichen Entwicklung arbeite."*
- *„Ich bin eine wertschätzende und zielorientierte Führungskraft und strebe danach, meine Mitarbeitenden zu fördern."*
- *„Ich bin eine besonnene und gerechte Führungskraft, die in jeder Situation überlegt handelt sowie individuelle und faire Lösungen findet."*

Weiterhin stellt Franz sich die Fragen: „Womit und mit wem will ich mich identifizieren? Wovon will ich mich distanzieren?"

Hierzu notiert er in sein Tagebuch:

1. Womit und mit wem ich mich identifizieren will:
   - mit einer ethisch und moralisch integren Gemeinschaft, die Werte wie Vertrauen, Respekt und Zusammenarbeit fördert
   - mit Menschen, die sinnvolle Ziele entschlossen und entscheidungsfreudig verfolgen sowie ihre Mitmenschen dabei unterstützen
   - mit einem Unternehmensumfeld, das es mir ermöglicht, meine Leidenschaft für Innovation und Kreativität auszuleben
   - mit einem Lebensstil, der emotionales und körperliches Wohlbefinden fördert

2. Wovon ich mich distanzieren will:
   - von Menschen oder Situationen, die Negativität und Misstrauen verbreiten und mich beeinträchtigen
   - von einer beruflichen Umgebung, die den Fokus ausschließlich auf den finanziellen Gewinn legt, ohne Rücksicht auf ethische Grundsätze

So formuliert er schließlich folgende Ziele in Bezug auf seine Identifikation:

- „Ich trage dazu bei, in meinem Team eine Atmosphäre des Vertrauens, des Respekts und der Wertschätzung zu schaffen."
- „Ich fördere die Entwicklung meiner Mitarbeitenden und trage zu deren persönlichem Wachstum bei."
- „Ich treffe mich regelmäßige in einem Netzwerk, das mir einen wertvollen Austausch und Inspirationen bietet."
- „Ich lebe jeden Tag aktiv und achte auf ein positives Mindset."

Priorisierung der psychologischen Grundbedürfnisse

Franz erstellt hierzu Kärtchen mit den Bedürfnis-Icons und legt sie vor sich aus.
Er überlegt, welche Bedürfnisse ihm im aktuellen Lebensabschnitt besonders wichtig sind. Seine Prioritäten legt er absteigend wie folgt fest: Autonomie, Zugehörigkeit/Bindung, Lust/Freude, Selbstwert, Orientierung/Kontrolle.

Nun möchte Franz etwas anderes ausprobieren und eine vom Zufall beeinflusste Reihenfolge finden. Er mischt die Karten und legt sie verdeckt auf den Tisch. Spannung liegt in der Luft, als er nacheinander die Karten umdreht.
Die erste Karte, die er aufdeckt, zaubert ein erleichtertes Lächeln auf sein Gesicht. Es ist die Karte, die sein wichtigstes Grundbedürfnis nach Autonomie widerspiegelt. Autonomie bedeutet für ihn, die Freiheit zu haben, sein Leben selbstbestimmt zu führen und eigenverantwortlich Entscheidungen zu treffen.

Während Franz sich noch darüber freut, dass zumindest bei der ersten Karte und damit bei seiner wichtigsten Priorität seine rationale Entscheidung und das „Zufallsprinzip" übereinstimmen, schießt ihm ein Gedanke durch den Kopf: Ist vielleicht gerade das Bedürfnis nach Autonomie gefährdet, wenn er mit diesem Karl zusammenarbeitet? Das löst in ihm heftige emotionale Reaktionen aus, die ihn überraschen.

Als er die nächste Karte aufdeckt, steht Lust/Freude darauf. Obwohl sein rationaler Fokus jetzt zunächst auf Zugehörigkeit/Bindung liegt, erkennt er bei näherer Betrachtung, dass Freude und Spaß bei der Arbeit ihm viel Energie geben und seine Leistungsfähigkeit steigern. Er ahnt jedoch, dass Freude im Umgang mit Karl zum Problem werden könnte, falls dieser nicht mit der gleichen Begeisterung an die beruflichen Herausforderungen herangeht. Franz ärgert sich in diesem Moment über seine Vorurteile und deckt die nächste Karte auf.

Die dritte Karte zeigt das Bedürfnis nach Zugehörigkeit/Bindung und Franz spürt, dass er Josef sehr mag und ihn nicht enttäuschen will. Gleichzeitig sieht er jedoch die Gefahr, aus Zuneigung zu Josef einen Fehler zu machen, den er später bereuen könnte.

Die nächste Karte zeigt das Bedürfnis nach Orientierung/Kontrolle und ihm wird bewusst, dass er im Umgang mit Karl Klarheit über dessen Prioritäten und Ziele benötigt.

Die fünfte Karte ist das Bedürfnis nach Selbstwert. Franz realisiert, dass er mit der Vertragsannahme sicherlich sein Umfeld mit diesem Karriereschritt beeindruckt, doch viel wichtiger sind ihm Zufriedenheit und ein positives Selbstwertgefühl.

2. DIE REISE

Entscheidungsgrundlage

Um sich aus diesem Gefühlschaos zu befreien, fasst Franz seine Erkenntnisse übersichtlich zusammen und beginnt intensive Überlegungen, wie er mit der Situation umgehen soll und welche weiteren Möglichkeiten sich eröffnen, die richtige Entscheidung zu treffen.

Folgende Erkenntnisse hält Franz fest:

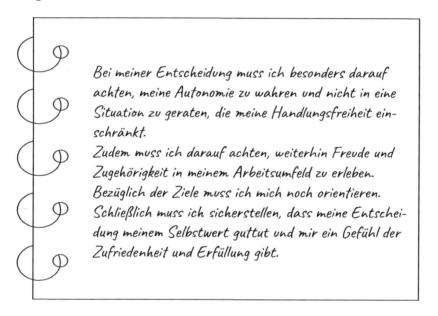

Bei meiner Entscheidung muss ich besonders darauf achten, meine Autonomie zu wahren und nicht in eine Situation zu geraten, die meine Handlungsfreiheit einschränkt.
Zudem muss ich darauf achten, weiterhin Freude und Zugehörigkeit in meinem Arbeitsumfeld zu erleben.
Bezüglich der Ziele muss ich mich noch orientieren.
Schließlich muss ich sicherstellen, dass meine Entscheidung meinem Selbstwert guttut und mir ein Gefühl der Zufriedenheit und Erfüllung gibt.

Damit verfügt er über eine fundierte Entscheidungsgrundlage, die zusätzlich durch Klärung von Fragen, die ihm sehr wichtig sind, gestärkt wird.
Franz weiß, wie bedeutsam es ist, diese schriftlich zu beantworten, um sich darüber bewusst zu werden, wie er seine Zukunft gestalten will.

2.7 Siebte Etappe – Die richtigen Entscheidungen treffen

Motiviert schreibt er in sein Mind Change Journey Notizbuch.

Was ist mein langfristiges Ziel?
Mir ist es wichtig, beruflich erfolgreich zu sein, Verant-
wortung zu übernehmen, Innovationen voranzubringen
und Erfolge zu erzielen.

Welches Ziel habe ich konkret?
Mein Ziel ist es, in den nächsten eineinhalb Jahren ein
Unternehmen zu leiten, in dem ich meine Führungs-
qualitäten weiterentwickeln kann. Dabei will ich einen
sozialen und ökologischen Beitrag für meine Mitarbei-
tenden und die Umwelt leisten.

Wie kann ich das umsetzen?
Ich plane, innerhalb der nächsten Woche ein Gespräch
mit Josef und Karl zu führen, um meine Gedanken mit
ihnen zu teilen und ihre Meinungen darüber zu hören,
wie wir das Unternehmen gemeinsam führen könnten.

Was motiviert mich und gibt dem Sinn?
Ich will mein Grundbedürfnis nach Autonomie erfüllen
und zugleich meine Wertvorstellungen nach Leistungs-
orientierung, Wertschätzung und Nahbarkeit aktiv
leben.

Welche Hindernisse könnten mir im Wege stehen?
Es könnte sein, dass Josef und Karl andere Vorstellun-
gen von der Unternehmensführung haben und meine
Entscheidungskompetenzen einschränken.

> Wie geht es mir, wenn ich erfolgreich in das Unternehmen eingetreten bin?
> Wenn ich zum Geschäftsführer geworden bin, dann werde ich sehr stolz und zufrieden mit mir selbst sein, weil ich diesen Erfolg aufgrund meiner Persönlichkeit erreicht habe.
>
> Wie kann ich mir mein Zielbild besser vorstellen? Damit ich immer die positiven Bilder bei Zielerreichung vor Augen habe, werde ich mein White Board nutzen und dort meine Gedanken, Fotos und passende Zitate anheften. Da freue ich mich jetzt schon darauf, weil es doch den angenehmen Nebeneffekt der Kreativität hat.

Geschafft! Franz blickt vom Tagebuch auf und fragt sich, wie sich seine Antworten auf das Angebot von Josef auswirken.

Da er sich noch nicht sicher ist, erinnert sich Franz an die Pro-Contra Methode und notiert, welche Fakten dafür und welche dagegen sprechen. Final überwiegen eindeutig die Pro-Punkte, denn es gibt nur ein Contra: „Karl, das große Unbekannte."

Motiviert greift Franz das Thema der Visualisierung auf.

Schritt 3: Visualisierung des Zielbildes

Visualisierung in Verbindung mit positiven Emotionen ist die Basis zur Manifestation Ihrer Ziele, denn somit erzeugen Sie eine Herz-Gehirn-Kohärenz, die einen Zustand erhöhter emotionaler Stabilität, mentaler Klarheit und einer verbesserten Fähigkeit zur Stressbewältigung darstellt.

Je lebendiger und deutlicher Sie das angestrebte Ziel vor Augen haben, desto stärker werden Sie sich auf dieses ausrichten. Verschiedene Visualisierungstechniken unterstützen dabei, das gewünschte Endresultat greifbar und real werden zu lassen, was dazu beiträgt, Ihre Motivation und Entschlossenheit zu steigern.

Das folgende Drei-Stufen-Programm ermöglicht Ihnen die Definition Ihres Zielbildes. Durch das regelmäßige Aktivieren verfestigen sich die Bilder in Ihren Gedanken.

Ihre Identität

In der ersten Stufe hinterfragen Sie Ihre Identität:

- *Wer bin ich?* Notieren Sie, welche Eigenschaften Sie auszeichnen und welche Emotionen Sie häufig empfinden.
- *Was will ich?* Klären Sie Ihre wirklichen Ziele und definieren Sie, was Sie in Ihrem Leben in welchen konkreten Zeiträumen erreichen wollen.
- *Wie werde ich sein?* Visualisieren Sie Ihre Erfolge und Ihre Persönlichkeit nach der Zielerreichung. Formulieren Sie die positiven Emotionen, die daraus entstehen.

Nutzen Sie Tools wie Vision Boards oder Mind Movies, um Ihre Vorstellungen zu verstärken und Ihre Emotionen bei Zielerreichung zu fühlen.

(i) **Anleitung zur Gestaltung eines Vision Boards**

Gehen Sie wie folgt vor, um ein Vision Board zu gestalten:

- *Ziele und Themen festlegen:* Überlegen Sie sich, welche Ziele Sie erreichen wollen. Beziehen Sie sich dabei nicht nur auf berufliche Bereiche.
- *Materialien sammeln:* Sammeln Sie Berichte, Fotos, Zitate und eigene Gedanken, die Ihre Ziele repräsentieren.
- *Gestalten des Boards:* Wählen Sie eine größere Fläche als Grundlage für Ihr Vision Board aus. Fixieren Sie die ausgewählten Bilder und Materialien in einer für Sie sinnvollen Weise mit der Option auf Änderungen auf das Board.
- *Reflektieren:* Rufen Sie sich das Gesamtwerk auf Ihrem Vision Board regelmäßig ins Gedächtnis und empfinden Sie die Emotionen bei Zielerreichung.

ⓘ Anleitung zur Gestaltung eines Mind Movies

Ein Mind Movie ist eine dynamische Möglichkeit, Ihre Ziele zu visualisieren. Hier eine kurze Anleitung:

- *Ziele und Szenen festlegen:* Überlegen Sie sich, welche Ziele Sie erreichen wollen und erstellen Sie eine Liste von Szenen oder Bildern, die diese Ziele repräsentieren.
- *Bilder und Musik auswählen:* Tragen Sie Bilder, Videos und Musik, die zu Ihren Zielen passen, zusammen. Sie können sowohl eigene Fotos und Videos als auch lizenzfreie Medien verwenden.
- *Erstellen des Films:* Mithilfe einer Software oder Online-Plattform erstellen Sie Ihren Mind Movie. Ordnen Sie die ausgewählten Bilder und Videos in einer logischen Reihenfolge an und fügen Sie Musik und Text hinzu, um Ihre Botschaft zu verstärken.
- *Reflektieren:* Sehen Sie sich Ihren Mind Movie regelmäßig an und lassen Sie sich von den Bildern und der Musik inspirieren. Stellen Sie sich lebhaft vor, wie es sich anfühlt, Ihre Ziele zu erreichen und nutzen Sie den Film als kraftvolles Instrument zur Visualisierung und Manifestation Ihrer Ziele.

Hinweis des Mind Change Profilers

Das Leben ist (k)ein Zufall? - Wie das Bewusstsein das Verhalten steuert.

Durch bewusste Visualisierungen wird das Gehirn direkt
beeinflusst, was zu Bildung von Botenstoffen und Hormonen
und somit zu einer Veränderung der chemischen Zusammen-
setzung im Körper führt.
Klarheit in der Identität und aktives, positives Denken lassen
das Stresslevel sinken.
Das Bewusstsein hat somit die Macht, Verhalten und Denkweisen zu steuern.

Hinzu kommt, dass die Verbindung von positiven Emotionen in
der Vorstellungskraft das Zielbild verstärkt.
Ein nicht zu vernachlässigender Effekt entsteht zudem durch
die Nutzung des „Alpha–Zustandes" direkt nach dem Aufwachen. In dieser Phase nimmt das   Unterbewusstsein Informationen und Vorstellungen besonders leicht auf und verarbeitet
diese sofort.

Diese Erkenntnisse ermöglichen, das Leben durchaus in die
gewünschten Bahnen zu lenken und sich nicht vom Zufall
abhängig zu fühlen.

Schritt 4: Die richtigen Entscheidungen treffen

Entscheidungen müssen immer wieder getroffen werden, sei es in Bezug auf die Karriere, eine berufliche Herausforderung oder eine neue Geschäftsmöglichkeit.

Im vierten Schritt werden Methoden und Strategien vorgestellt, die dabei unterstützen, kluge und fundierte Entscheidungen zu treffen, die zu den individuellen Zielen passen.

Irritierende Begegnung mit Karl und Josef

Als Franz den Raum betritt, begrüßt ihn Josef mit einem herzlichen Lächeln. Karl hingegen wirkt reserviert, sein Blick ist gesenkt und die Körpersprache abweisend. Dieser erste Eindruck setzt bei Franz ein Gedankenkarussell in Gang: „Wenn schon die Begrüßung so unterkühlt ist", denkt er, „was erwartet mich dann im Laufe des Gesprächs?" Doch er beschließt, offen zu bleiben.

Josef eröffnet: „Franz, du bist der Lichtblick, den dieses Unternehmen braucht." Er beschreibt Franz als den idealen Kandidaten, der das Unternehmen in seinem Sinne weiterführen und mit frischen Ideen voranbringen könne und betont, wie wichtig dabei eine vertrauensvolle Zusammenarbeit zwischen Franz und Karl sein werde. Dann skizziert er die Vision einer Partnerschaft, in der Franz und Karl je 50 Prozent am Unternehmen halten und gemeinsam Verantwortung tragen.

Nachdem Josef die Bedingungen dargelegt und um Rückmeldungen gebeten hat, stimmt Karl spontan zu. Franz jedoch, bestrebt nach Klarheit, stellt weitere Fragen, die sich insbesondere auf zukünftige

Entscheidungsfindungen und Konfliktlösungen konzentrieren. Da springt Karl plötzlich auf und macht seiner Frustration Luft: „Franz, Sie sind ein Schmarotzer, der uns nur ausnutzen will! Sie haben Josef hinters Licht geführt!"

Josef greift ein, um die Situation zu beruhigen. Auch Franz ist um Diplomatie bemüht und erklärt, dass ihm viel an einer offenen, ehrlichen Kommunikation liege. Um die Situation zu versachlichen, fragt er Karl nach seiner Vision für das Unternehmen. Der verlässt daraufhin abrupt den Raum.

Josef versucht zu entschärfen und meint: „Das wird schon, Karl braucht nur etwas Zeit." Zugleich versichert er, dass Franz im Unternehmen gewünschte Freiräume erhalten werde. Franz jedoch macht deutlich, dass ihm neben Freiheit ebenso eine wertschätzende Unternehmenskultur am Herzen liege. Und das, was er gerade erlebt habe, sei sehr enttäuschend gewesen.

Franz möchte wissen, wie es zu dieser heftigen Reaktion kommen konnte.
„Karl hat seit Jahren keinen Kontakt mehr zu seiner Familie und ist verbittert und auch einsam", erklärt Josef und fügt hinzu: „Ich möchte ihm die Position geben, um ihm meinen Dank für die langjährige Firmenzugehörigkeit auszudrücken. Außerdem glaube ich, dass er von dir lernen kann, wie man mit Menschen umgeht." Franz zweifelt allerdings an Karl`s Lernbereitschaft.

Josef, der sehr optimistisch ist, fragt spontan und direkt: „Wann willst du anfangen?" Daraufhin erbittet sich Franz Bedenkzeit, doch Josef ist bereits überzeugt, dass Franz zusagen wird.

Franz beschließt, sich noch einmal Zeit zu nehmen, um alles zu überdenken. Er weiß, dass es entscheidend ist, sich selbst und seinen Bedürfnissen treu zu bleiben, seine Werte zu wahren und klare Grenzen zu setzen. Auf keinen Fall wird er Kompromisse eingehen, die seine persönliche Identität und die Dinge, mit denen er sich identifiziert, verletzen. Gleichzeitig will er konstruktiv und lösungsorientiert vorgehen.

Die Kunst des Entscheidens

Wie ist es möglich, sich richtig zu entscheiden?
Bewährt haben sich zwei Strategien, die eine fundierte Vorgehensweise unterstützen.

„Drei-Schritte-Ansatz" zur Entscheidungsfindung

1. **Anliegen:** Zunächst gilt es Ihre Anliegen genau zu identifizieren. Fragen Sie sich, welche Ihrer Grundbedürfnisse und Werte von überwiegender Bedeutung sind.
2. **Abwägen:** Überprüfen Sie, ob das vorliegende Angebot Ihren Prioritäten entspricht. Analysieren Sie die Vor- und Nachteile und stellen Sie diese Ihren Zielen gegenüber.
3. **Abschluss:** Aufgrund dieser Analyse sind Sie in der Lage, eine fundierte Entscheidung zu treffen.

Die „4-E-Reflexionsmethode"

Diese kraftvolle Methode besteht aus vier Schritten und dient der Selbstreflexion und Entscheidungsfindung.

1. *Erwartung:* Im ersten Schritt reflektieren Sie Ihre Erwartungshaltung, bevor Sie in eine Situation einsteigen oder ein Gespräch gehen.
2. *Erkundigung:* Dann klären Sie ab, inwieweit Ihre Erwartungen erfüllt wurden und was gegebenenfalls zur Erfüllung gefehlt hat.
3. *Erkenntnis:* Auf der Grundlage Ihrer Erkundigungen ziehen Sie Erkenntnisse aus der Situation.
4. *Entscheidung:* Basierend auf Ihren Erkenntnissen treffen Sie eine Entscheidung über das weitere Vorgehen.

Franz trifft seine Entscheidung

In seiner Gedankenwelt brodelt es, als er die „4-E-Reflexionsmethode" anwendet, um seine jüngste Begegnung mit Josef und Karl zu verarbeiten.

1. *Erwartung:* Franz hatte sich auf einen offenen und wertschätzenden Austausch gefreut, auf eine Gelegenheit zur Klärung der Situation gehofft und erwartet, dass wichtige Themen angesprochen und mögliche Probleme gelöst werden.
2. *Erkundigung:* Seine Erwartungen wurden enttäuscht. Keine seiner Fragen wurde beantwortet oder geklärt.
3. *Erkenntnis:* Die Erkenntnis trifft Franz wie ein Blitz: „In diesem Umfeld werde ich nicht respektiert, meine Bedürfnisse werden ignoriert, meine Autonomie wird beschnitten, da ich keine Gestaltungsmöglichkeiten haben werde."

4. *Entscheidung:* Franz beschließt, offen über seine Gefühle und Bedürfnisse zu sprechen, die Dinge klar beim Namen zu nennen, denn auch Karl verdient eine zweite Chance. Wenn keine Einigung erzielt werden kann, wird er definitiv absagen – dieser Entschluss kristallisiert sich deutlich heraus.

Wie würde sich diese Absage anfühlen?
Franz überlegt, wie es wäre, wenn er das Angebot nicht annähme und in seiner bisherigen Tätigkeit, die ihn sehr erfüllt, bleiben würde. Sofort fühlt er sich befreit, bestätigt und sieht dem nächsten Gespräch mit Gelassenheit entgegen.

So vorbereitet, geht er in die nächste Begegnung mit Josef und Karl.

Beim zweiten Treffen ist Karl sichtlich nervös und unsicher, während Josef das Gespräch mit den Worten einleitet: „Wir sind heute hier, um zu klären, wie es weitergeht. Bitte teilt mit, was euch wichtig ist."

Karl: „Für mich bleibt alles beim Alten. Ich werde weiterhin den technischen Bereich leiten. Ich sehe keine Notwendigkeit, etwas an meiner Arbeitsweise oder Führung zu ändern. Es hat bisher gut funktioniert, weil du alle Entscheidungen getroffen hast. Das war für mich in Ordnung."

„Und was passiert, wenn Josef nicht mehr im Unternehmen ist?", will Franz wissen. „Wie entscheiden wir dann? Dafür müssen wir eine Lösung finden, vor allem, wie wir bei Patt-Situationen verfahren. Wie stellen Sie sich das vor?"

Daraufhin meinte Karl, dass jeder für seinen Bereich entscheiden solle.

2. DIE REISE

Franz erläutert die Notwendigkeit, das Unternehmen auf Wachstumskurs zu halten und die dafür erforderlichen Investitionen zu tätigen. Josef stimmt dem zu und betont die Wichtigkeit einer Einigung im Interesse des Unternehmens.

Die Situation eskaliert jedoch, als Karl verbittert erwidert: „Ich habe in der Vergangenheit zu deinem Lebenswerk beigetragen. Jetzt muss ich mir sagen lassen, dass ich nicht gut genug bin und mich bevormunden lassen!"

Während Franz auf eine kooperative Führung, eine positive Arbeitsumgebung und das erforderliche Unternehmenswachstum hinweist, bleibt Karl skeptisch und betont seinen Erfahrungsschatz.

In diesem Moment wird Franz klar: Eine Zusammenarbeit mit Karl, als Mitgeschäftsführer, ist unmöglich.

Franz wendet sich an Josef und Karl: „Lieber Josef, ich danke dir von Herzen für diese überaus interessante Chance und das faire Angebot, jedoch werde ich dieses aus verschiedenen Gründen nicht annehmen. Ich bin mir sicher, dass ihr einen sehr passenden Mitgeschäftsführer für Karl finden werdet."

Josef bedauert die Entscheidung sichtlich und kann seine Enttäuschung nicht verbergen.

Franz hingegen ist überaus zufrieden mit seiner Entscheidung, weil er hiermit seinen Werten und Vorstellungen treu geblieben ist.
Wenn sich eine Türe schließt, öffnet sich eine andere! Wieder wird Franz bewusst, wie wichtig es ist, sich selbst zu kennen, zu wissen, was man will und mit vollem Vertrauen seinen eigenen Weg zu gehen.

Wenige Tage später spricht ihn sein Geschäftsführer an: „Franz, wir sollten reden. Ich habe mir Gedanken über Ihre weitere Karriere gemacht und möchte Ihnen ein Angebot unterbreiten. Haben Sie heute Zeit? Wir könnten uns zum Abendessen treffen." „Klar, gerne!", freut sich Franz, „auf dieses Angebot bin ich gespannt."

Die Gedankenflüsterer diskutieren über klares Entscheiden

Verfolgen Sie jetzt das Gespräch der drei Gedankenflüsterer, die den Weg zu mehr Klarheit aufzeigen.

 „Wer tief in sich hineinspürt und reflektiert, was ihn erfüllt und zufrieden macht, wird die richtige Entscheidung treffen."

 „Du hast recht, wer weiß, was er will, kann es mit voller Kraft tun. Im Leben kommt es darauf an, sich für das Wesentliche zu entscheiden."

„Ziele darf man nie aus den Augen verlieren und man sollte sie regelmäßig mit der eigenen Identität abgleichen. Nur so ist gewährleistet, dass man auch in Zukunft genau das verfolgt, was das Leben sinnvoll macht."

Wie es bei den Kandidaten weiterging

Drei Monate waren vergangen, seit mich der Vorstandsvorsitzende Alex beauftragt hatte.
Nun stand wieder ein Treffen mit ihm an. Seine Assistentin führte mich in ein großes Besprechungszimmer mit herrlicher Aussicht auf die Weinberge. Auf dem weißen Konferenztisch stand ein silbernes Tablett mit zwei Kuverts.

Die Tür öffnete sich, Alex betrat den Raum und begrüßte mich mit einem sympathischen Lächeln: „Schön, Sie wieder zu sehen. Wie besprochen, werden wir darüber reden, mit wem die Position besetzt werden soll. Sie sind am Zug: „Was kam beim Mind Change Profiling heraus und wen können Sie empfehlen?"

„Zunächst zum einen Teil des Auftrags: Der ist erfüllt. Beide Kandidaten sind weiterhin im Unternehmen und wollen bleiben. Den dritten Kandidaten konnte ich nicht kennenlernen, da er krank war und dann gekündigt hat."

„Ja, das ist wirklich merkwürdig. Wie Menschen so ticken! Zuerst dachte ich, sein Ausscheiden sei ein Verlust. Aber als wir seine Aufgaben überprüft und umverteilt haben, wurde klar, dass er ineffizient gearbeitet hatte. Er schien immer so beschäftigt…"

„… oder er hat sich einfach darauf konzentriert, seine Überforderung zu verbergen."

„So kann man es auch sagen. Also, im Endeffekt ist alles gut. Wir vermissen ihn nicht und haben umstrukturiert. Nun bin ich gespannt: Wer ist Ihr Favorit?"

2.7 Siebte Etappe – Die richtigen Entscheidungen treffen

„Der bestgeeignete Kandidat für die Position ist jemand, der Vertrauen aufbaut, transparent kommuniziert, Verantwortung übernimmt und Potenziale entwickelt. Er ist ein Mind Change Leader, der zu einem wertschätzenden Arbeitsklima beiträgt, die Mitarbeitenden auf dieser Reise mitnimmt und bereit ist, jede Extrameile für den Unternehmenserfolg zu gehen."

„Ja, so haben wir es vereinbart. Wer ist es aus Ihrer Sicht geworden?"

„Es ist nicht die Person, die Sie erwarten."

„Moment, woher wissen Sie denn, wen ich erwartet habe?"

„Sehen wir doch nach. Hier auf dem Tablett liegen unsere beiden Umschläge. Auf dem einen steht oben ein ‚O' für Oberhardt. Darin liegt der Zettel, auf den ich damals geschrieben habe, wen Sie nach meiner Meinung als Ihren Favoriten ansehen. Öffnen Sie doch bitte die beiden Kuverts. Ich bin mir sehr sicher, dass auf beiden Zetteln der gleiche Name steht."

„Sie sind mir schon etwas unheimlich. Können Sie auch Gedanken lesen? Okay, ich öffne jetzt die Kuverts. Ich beginne mit meinem, da steht Michael drin. Und jetzt das andere – ebenfalls Michael! Wow, Sie haben gewusst, dass Michael mein Favorit ist? Wie sind Sie denn darauf gekommen?"

„Ich bin eine Frau, ich darf doch Geheimnisse haben… Aber nein, Sie erfahren es gleich. Bitte sagen Sie mir vorher noch, was Sie an Michael schätzen."

„Er ist für mich wie ein Sohn, den man auf den richtigen Weg bringen muss. Ich mag ihn und seine Art. Dazu gehören eine gute Ausdrucksfähigkeit und aufmerksames Zuhören. Das Thema Prozessabläufe hat Michael beispielsweise angenommen und mich dabei unterstützt."

„Sie haben ihn treffend beschrieben. Michael hat Potenzial, das haben Sie richtig erkannt. Die Frage ist nur, inwieweit er für die Geschäftsführer-Position geeignet ist. Michael möchte es Ihnen selbstverständlich recht machen, fühlt sich jedoch oftmals unwohl mit seinen Aufgaben. Aufgrund dessen, dass er wenig resilient und konfliktfähig ist, könnte er früher oder später ausfallen."

„Das will ich nicht. Aber wo passt Michael hin?"

„Er möchte lieber in der Beratung bleiben sowie leidenschaftlich und mit hohem Engagement Kunden begeistern."

„Ich verstehe. Stimmt, das kann er wirklich gut. So haben wir uns damals kennengelernt."

„Sind Sie bereit für Max?"

„Wieso bereit?"

„Weil ich mir vorstellen kann, dass Sie ihm gegenüber kritisch sind, da er im Vergleich zu Michael nicht so smart ist, was er mir im Übrigen selbst gesagt hat. Er ist sehr lernwillig und verfügt über eine hohe Selbstführungskompetenz und Resilienz. Max ist in der Lage, mit ‚Oberhardter' Direktheit sehr gut umzugehen. Er reflektiert und ist bestrebt, sich ständig zu entwickeln."

„Max fehlt jedoch häufig das Fingerspitzengefühl in der Kommunikation."

„Richtig, Kommunikation und Selbstvermarktung sind für ihn nicht so wichtig. Max konzentriert sich mehr auf die Ziele, denkt im Sinne des Unternehmens und ist ein ‚Umsetzer'. Nicht reden, sondern tun, ist seine Devise. Nachdem wir die Limitierungen in Bezug auf seine Persönlichkeit aufgelöst haben, hat er lukrative Kundenaufträge akquiriert. Ich bin mir sicher, dass er nicht nur Sie unterstützen, sondern ebenfalls dazu beitragen wird, das Unternehmen auf das nächste Level zu bringen."

„Wird Max an seiner Kommunikation und Diplomatie arbeiten?"

„Klar, wir sind schon dabei. Es macht richtig viel Freude, denn Max arbeitet permanent an sich, setzt seine Erkenntnisse sofort um und holt sich Feedback ein. Die Mitarbeitenden schätzen seine Veränderung sehr. Er hat es geschafft, die Balance zwischen Menschlichkeit und Leistungsorientierung zu finden."

„Chapeau – Ich bin beeindruckt, wie analytisch Sie vorgegangen sind und wie klar Sie die Kandidaten beschreiben. Wir werden Max in einem Gespräch die Position anbieten. Besten Dank für Ihre Unterstützung."

Kandidat Max: „Entwicklung zahlt sich aus."

Die Personalleiterin eröffnete das Gespräch: „Heute möchten wir Ihre weitere Entwicklung in unserem Unternehmen besprechen. In Zusammenarbeit mit unserem externen Beratungsunternehmen haben Sie ein Profiling und entsprechendes Coaching durchlaufen. Bitte teilen Sie uns Ihre Eindrücke und Erkenntnisse mit."

„Als ich eingeladen wurde, dachte ich, dass mich eine normale Stärken-Schwächen Analyse erwartet", begann Max zu erzählen. „Doch bereits nach den ersten Minuten habe ich gemerkt, dass es hier nicht um meine fachliche Qualifikation geht, sondern um meine Persönlichkeit. Und wenn ich ehrlich bin: Meine größte Herausforderung bestand darin, dass ich mich mit mir selbst auseinandersetzen musste. Innerhalb kurzer Zeit wurden meine Limitierungen, von denen ich vorher nichts wusste, aufgedeckt. Seitdem habe ich mit mir gearbeitet und mich sehr verändert. Von einer distanzierten, sachlichen Führungskraft habe ich mich zu einer Persönlichkeit entwickelt, die die Stärken der Mitarbeitenden sieht und effektiv einsetzt. In der Folge hat sich die Arbeitsatmosphäre spürbar verbessert, was Sie an den hervorragenden Teamergebnissen und zahlreichen innovativen Projekten erkennen können."

Die Personalleiterin zeigte sich beeindruckt: „Ich bin überrascht, mit welcher Ausstrahlungskraft Sie heute vor mir sitzen. Früher habe ich Sie als leistungsorientierten Ingenieur wahrgenommen, heute treten sie als souveräne und wertschätzende Führungspersönlichkeit auf. Das Mind Change Profiling hat Ihre Potenziale zum Vorschein gebracht. Der Vorstand ist ebenfalls überzeugt und ich freue mich, Ihnen mitteilen zu können, dass Sie Ende des Jahres Geschäftsführer werden, wenn Sie unser Angebot annehmen wollen."

Kandidat Michael: „Was ich kann und will."

Die Personalleiterin begrüßt ihn herzlich und stellt die Agenda vor. Sie ist gespannt auf sein Fazit.

„Das Profiling verlief ganz anders als erwartet", begann Michael. „Ich hatte vor Jahren ein Assessment in einem anderen Unternehmen erlebt und dachte, es würde ähnlich ablaufen. Doch im Laufe des Vormittags bemerkte ich, dass alles anders war. Meine Präsentation war leider nicht überzeugend und ich habe mich dann zum ersten Mal wirklich mit mir selbst auseinandergesetzt. Da ich viel für mich persönlich und ebenso für mein Berufsleben mitgenommen habe, würde ich jedem empfehlen, ein solches Mind Change Profiling durchzuführen, bevor man sich für eine Führungsaufgabe entscheidet. Ohne dieses Profiling hätte ich nie erkannt, was ich wirklich will. Ich wurde auf eine positive Art und Weise mit meinen Limitierungen konfrontiert und somit wurde mir recht bald klar, dass ich zunächst an meiner Selbstführung arbeiten muss, bevor ich eine gute Führungskraft sein kann. Für eine weitere Begleitung wäre ich dankbar."

Ein weiterer Auftrag ...

Nach den beiden Feedbackgesprächen traf ich noch einmal den Vorstandsvorsitzenden Alex. Mit einem strahlenden Lächeln verkündete er: „Ich weiß schon alles. Max kam zu mir und war so begeistert und dankbar. Solche Emotionen habe ich bei ihm noch nie erlebt. Als wäre er ein anderer Mensch! Sie haben es geschafft, den wahren Max zum Vorschein zu bringen. Früher schien eine Mauer um ihn herum zu stehen und ich hatte das Gefühl, nicht an ihn heranzukommen. Deshalb war er anfangs nicht mein Favorit."

Auch Michael, so berichtete der Vorstandsvorsitzende weiter, sei bei ihm gewesen. „Ich habe mich wirklich gefreut, dass er bei uns bleibt und seinen Platz gefunden hat. Wir werden im engen Austausch bleiben."

Wir reflektierten unser erstes Treffen, das nun vor ziemlich genau drei Monaten stattfand. Alex kam auf die Bewerberauswahl zurück: „Ohne Ihre Hilfe hätte ich Michael und Max keine Perspektive eröffnen können." Er fügte hinzu: „Auch ich bin an meinen Limitierungen interessiert, gerne möchte ich ein Mind Change Profiling mit Ihnen durchführen."

Worauf es heute ankommt

Die Geschichte von Alex und seinen Kandidaten verdeutlicht eindrucksvoll die Bedeutung der persönlichen Entwicklung, nicht nur für sich selbst, sondern auch für den Unternehmenserfolg.

Insbesondere für Unternehmer, Geschäftsführer und andere Führungskräfte ist dies von besonderer Relevanz. Andernfalls treffen sie Entscheidungen, die zwar kurzfristig Anerkennung finden, langfristig jedoch dem Unternehmen nicht zuträglich sind.

Bei negativen Verläufen wird gerne auf externe Faktoren verwiesen, wobei nicht außer Acht zu lassen ist, dass oftmals Fehlentscheidungen die Ursache dafür sind.

Für Unternehmen sollte es daher höchste Priorität sein, sich mit Limitierungen und den psychologischen Grundbedürfnissen ihrer Führungskräfte und Mitarbeitenden zu beschäftigen.

ⓘ **Blick zurück**

Ziel der Etappe: Sie sind nun in der Lage, die richtigen Entscheidungen für Ihre berufliche Zukunft zu treffen.

Die Schritte:

1. *Sich mit Identität und Identifikation auseinandersetzen:* Eine Entscheidung ist für Sie nur dann richtig, wenn Sie sich selbst treu bleiben. Im ersten Schritt klären Sie: Wer bin ich und womit will ich mich identifizieren?
2. *Abgleich mit den psychologischen Grundbedürfnissen:* Im zweiten Schritt prüfen Sie, inwieweit eine anstehende Entscheidung der Erfüllung Ihrer Grundbedürfnisse zu- oder abträglich ist.
3. *Das Zielbild visualisieren:* Im dritten Schritt stellen Sie sich vor, wohin die Entscheidung führt. Sie visualisieren das Zielbild und gewinnen so Klarheit, Sicherheit und Motivation.
4. *Die richtige Entscheidung treffen:* Im vierten Schritt gilt es, durchdacht und fundiert zu entscheiden.

NACHSPIEL

Die Kunst des gelingenden Lebens

Stellen Sie sich ein Spiel vor, bei dem Sie immer wieder die gleiche Strategie anwenden, ohne zu überlegen, ob es sich lohnt, etwas Neues auszuprobieren.

Vergleichbar mit diesen automatisierten Spielzügen ist ein Leben, das von Limitierungen geprägt ist. Gefangen in einem unterbewussten Reiz-Reaktionsmuster wird nach vorgefertigten Lösungen gehandelt, die möglicherweise einmal oder mehrfach geholfen haben. Dabei wird jedoch nicht hinterfragt, ob diese noch zur aktuellen Situation oder zu den Problemen, die nun im Raum stehen, passen.

Ähnlich wie bei einem Spiel, bei dem der Hauptfaktor zum Erfolg oft in der Änderung der Strategie liegt, besteht im Leben die Möglichkeit, umfangreiches Potenzial zu entfalten. Mit der Definition von förderlichen Überzeugungen werden zusätzliche Chancen eröffnet. Die zurückliegende Reise in sieben Etappen hat Ihnen die Möglichkeit gegeben, Ihr persönliches Wachstum in den Fokus zu stellen, Limitierungen zu überwinden und somit Ihr Leben aktiv zu gestalten. Sie haben die Freiheit, nach Ihren Bedürfnissen, Stärken und Vorstellungen zu handeln und bewusst zu wählen, wohin Sie sich entwickeln wollen.

Im Laufe der Reise haben Sie erkannt, dass Ihre Gedankenspiele die Emotionen und Handlungen steuern. Indem Sie Ihre Gedanken lenken, Limitierungen überwinden und sich konsequent weiterentwickeln, füllen Sie Ihr Leben mit positiven Erfahrungen und persönlichem Wachstum.

Im Verlauf der einzelnen Etappen haben Sie erfahren, dass Veränderung möglich ist, wenn Wille, Vorstellungskraft und tägliches Training vorhanden sind. Jede Entscheidung hat Konsequenzen und sollte idealerweise mit Ihren Bedürfnissen und der persönlichen Vision für ein erfülltes Leben im Einklang stehen.

Rigorose Ehrlichkeit bringt Klarheit

Das Wissen um diese Zusammenhänge allein genügt nicht. Es ist eher wie eine Anleitung zu verstehen, die es gilt, verwendet zu werden. Doch das wirkliche Handeln, das Umsetzen von Gedanken in konkrete Schritte, erfordert mehr.

Durch rigorose Ehrlichkeit erlangen Sie Klarheit über sich selbst, woraus Sie schließlich die Kraft schöpfen, Ihre Limitierungen zu überwinden.

Kommen wir noch einmal zurück zum Vorstandsvorsitzenden Alex, der inzwischen sein Mind Change Profiling durchlaufen hat. Alex war bereit, die Empfehlung des Aufsichtsrats zu akzeptieren und sich bei der Auswahl eines neuen Geschäftsführers unterstützen zu lassen. Er schob seine generelle Abneigung gegen Berater beiseite und ließ sich auf den Prozess ein.

Da Alex bereits zweimal bei der Bewerberauswahl Fehler begangen hatte, analysierten wir seine Entscheidungsfindungen. Hierbei wurde ihm bewusst, dass er vor allem auf eine perfekte Vita und hochkarätige Abschlüsse achtete.

Und weshalb setzte Alex so sehr auf die Aussagen der Lebensläufe und weniger auf die Persönlichkeit sowie die damit verbundenen Soft-Skills? Fakten gaben ihm Entscheidungssicherheit, während persönliche Merkmale für ihn weniger greifbar waren. Nach seiner Scheidung, die langwierig und schmerzlich war, zweifelte er an seiner Menschenkenntnis.

In Verbindung mit der Bewerberauswahl überkamen Alex Selbstzweifel und Unsicherheiten. Dies aktivierte den früheren Glaubenssatz „Du bist nicht gut genug." und erinnerte ihn an Aussagen seines Vaters sowie seiner Ex-Frau. Im Laufe der Zusammenarbeit wurden dieser Glaubenssatz und die damit verbundenen Limitierungen bearbeitet.

Trotz seiner Erfolge als Führungskraft in verschiedenen Unternehmen hat er auch später nie die Anerkennung seines Vaters erhalten. Im Coaching ergründete Alex mögliche Ursachen des Verhaltens seines Vaters und war dadurch in der Lage, Verständnis hierfür aufzubringen sowie ihm zu verzeihen.

Die bewusste Übernahme von Selbstverantwortung ermöglichte es ihm, endgültig mit den Verletzungen abzuschließen und eine positive Beziehung zu seinem Vater zu entwickeln.
Durch die Ehrlichkeit zu sich selbst und die aktive Auseinandersetzung mit seiner Persönlichkeit erkannte Alex schlussendlich, dass einzig und allein er selbst für sein Lebensglück verantwortlich ist.

Die neugierig-positive Haltung

Betrachten Sie das Leben als Geschenk.
Mit einer neugierig-positiven Haltung eröffnet sich eine Bandbreite an Möglichkeiten, denn jeder Tag wird zu einem Abenteuer, das darauf wartet, von Ihnen erlebt zu werden. Und jede Herausforderung wird zu einem inspirierenden Spiel.

Übergeordnet stehen die Fragen: Was will ich im Leben erreichen und was bin ich bereit, dafür zu tun? Wer bin ich und mit wem und womit will ich mich identifizieren? Welche Limitierungen muss ich überwinden, damit ich mich zufrieden und erfüllt fühle? Welches Bild entspricht meiner Vorstellung einer glücklichen Zukunft?

Alex fand diese Fragestellungen anregend und motivierend. Im geschäftlichen Kontext gelang ihm die klare und überzeugende Beantwortung dieser Fragen sehr zügig. Mittlerweile ist er auch privat mit sich im Reinen, da das bewusste Steuern von Gedanken und

Gefühlen ihm das Leben erleichtert.

Indem Sie mit offenen Augen und vorurteilsfrei durch das Leben gehen, schaffen Sie eine Umgebung, die Toleranz, Respekt und persönliches Wachstum fördert.

Es liegt an Ihnen, was Sie aus Ihrem Leben machen!

 Hinweis des Mind Change Profilers

Der Blickwinkel bestimmt, wohin die Aufmerksamkeit gelenkt wird.
Eine innere Kohärenz wird vor allem dann erlebt, wenn keine Limitierungen bestehen.

Das Bewusstsein über die individuellen Bedürfnisse und die immense Kraft des Gestaltungswillens eröffnen neue Möglichkeiten, das eigene Leben frei zu arrangieren.

Eine neugierige und positive Haltung betrachtet jede Herausforderung als wertvollen Beitrag zur persönlichen Entwicklung. Diese trägt dazu bei, dass der individuelle Horizont erweitert und aktiv Veränderungen hervorgebracht werden, wodurch das Leben gelingen wird.

Lisy, Präco und Neco

Das Leben ist ein fantastisches Geschenk. Lesen wir, was unsere drei Gedankenflüsterer dazu sagen.

 „Stellt euch vor, das Leben ist wie ein Gewinn in der Lotterie. Ein großes Geschenk an unbegrenzten Möglichkeiten, Freude, Herausforderungen und zu entdeckenden Schätzen."

 „Das fühlt sich super an, ich habe das Gefühl, dass das Leben wie ein großes Abenteuerspiel ist und wir sind dabei!"

 „... und die Lebens-Aufgaben sind wie Rätsel, die darauf warten, gelöst zu werden!"

Erinnern Sie sich an den Test zu Beginn des Buches?

Sie haben nun die Gelegenheit, diesen Test zu wiederholen und eventuelle Veränderungen in Ihren Denkmustern zu erkennen.

Zum Test gelangen Sie über den nachstehenden QR-Code.

Wie es für Sie weitergeht

Auf dem Weg zum Führungserfolg liegt im aktiven Handeln die Macht, Ihre Ziele zu erreichen.

Wollen Sie...

- Ihre Limitierungen lösen?
- Ihr volles Potenzial erreichen?
- Ihre Performance steigern?
- Ihre Lebensvision realisieren?
- Im Einklang mit sich und Ihrem Umfeld sein?
- Ihre Mitmenschen inspirieren?

Sind Sie bereit, Ihr Leben zu transformieren?
Es gibt verschiedene Möglichkeiten, dies zu tun!

Setzen Sie sich ein Tagesmotto

Lassen Sie sich von einem Tagesmotto inspirieren und starten Sie jeden Tag mit einem klaren Ziel vor Augen. Tauchen Sie ein in die Welt der Möglichkeiten zur Selbstgestaltung und nutzen Sie jeden Tag als Chance, um Ihrer Vision von einem erfüllten Leben näher zu kommen. Seien Sie der Regisseur Ihres eigenen Lebens und gestalten Sie jeden Tag bewusst, motiviert und voller Energie. „Ein Tag geht immer!"

Durch diesen spielerischen Ansatz entdecken Sie, wie Ihr Denken, Fühlen und Handeln gezielt in die gewünschte Richtung gelenkt werden, um Ihre Erfolgsziele zu realisieren.

Vorschläge für Tagesmottos finden Sie hier:

www.sabineoberhardt.com

MIGOSHI® – Die interaktive Persönlichkeitsanalyse

MIGOSHI® bietet spielerisch eine außergewöhnliche Möglichkeit, sich Ihrer psychologischen Grundbedürfnisse und deren Erfüllung bewusst zu werden.

Dieses gamifizierte Persönlichkeitsanalyseverfahren wurde 2024 vom Land Baden-Württemberg als wegweisende Innovation gefördert. In der Auswertung dessen erkennen Sie, welchen Priorisierungen bei Ihren Grundbedürfnissen bestehen und wie diese Ihre Führungskompetenzen beeinflussen.
Betrachten Sie dies als Chance für persönliches und berufliches Wachstum!

www.migoshi-persoenlichkeitsanalyse.com

Mind Change Leader® – Das Konzept zur Erweiterung der Führungskompetenzen

Mind Change Leader® ist ein einzigartiges Coaching-Konzept – exklusiv für Unternehmer und Führungskräfte, die sich zu einer herausragenden Führungspersönlichkeit entwickeln und die Transformation des Unternehmens gestalten wollen.
Als Mind Change Leader® erkennen Sie, dass das Entfalten von Potenzialen durch Lösen von Limitierungen möglich ist, denn erst dann werden persönlicher und unternehmerischer Erfolg erreichbar.

Meet your Profiler® – Lernen Sie mit mir außergewöhnliche Persönlichkeiten und deren Lebens-Geschichten kennen

In lebensbejahenden Interviews erfahren Sie individuelle Geschichten des persönlichen und beruflichen Wachstums anderer. Unterschiedliche Persönlichkeiten aus Wirtschaft und Wissenschaft berichten, wie sie mit Rückschlägen umgegangen sind und ihr Leben gestaltet haben.

Lassen Sie sich von vielfältigen Sichtweisen inspirieren und nutzen Sie diese Impulse, um bisherige Überzeugungen zu hinterfragen und Ihren Erfolg auf die nächste Ebene zu heben.

www.sabineoberhardt.com/meet-your-profiler/

Ausbildung zum Mind Change Profiler® – Werden Sie in dieser exklusiven Masterclass selbst zum Mind Change Profiler®

Als Unternehmer, Führungskraft, Personalentwickler oder Coach haben Sie die Möglichkeit, selbst Mind Change Profiler® zu werden.

Mit dieser (r)evolutionären, praxiserprobten Coachingmethode werden Sie Ihre Mitarbeitenden dabei unterstützen, ihre psychologischen Grundbedürfnisse und begrenzenden Überzeugungen zu erkennen sowie ihre Limitierungen zu überwinden.

Werden Sie Mind Change Profiler® und tragen Sie somit zur Potenzialentfaltung der Mitarbeitenden sowie zum Unternehmenswachstum bei.

www.mind-change-profiling.com

Mind Change Award® – Rücken Sie als Macher und Mind Changer Ihre Managementleistung ins Rampenlicht

Der Mind Change Award® steht für Pioniergeist, Innovation und kreative Lösungsansätze, die im Unternehmensalltag umgesetzt werden.

Ausgezeichnet werden Unternehmer, Führungspersönlichkeiten und Projektteams, welche mit einer nachhaltigen Zukunftsorientierung und einem positiven Mindset überzeugen. Hierzu gehören auch innovative Projekte und zukunftsweisende Personalmanagementkonzepte, bei denen ein Mind Change klar erkennbar ist.
Der Mind Change Award® entdeckt und präsentiert diese individuellen Managementkonzepte und würdigt exzellente Führungspersönlichkeiten.

Messen Sie sich mit den Besten und tauschen Sie Ihre Erfahrungen in der Award Community aus.

Der Mind Change Award® wird von der „Academy of Business" der Sabine Oberhardt GmbH & Co. KG verliehen.
Bewerben Sie sich jetzt für den Mind Change Award®.

www.unternehmens-profiling.de/mind-change-award/

Weitere Literaturempfehlungen dieser Autorin

Menschencode®
– Wie Sie sich und andere entschlüsseln

Entdecken Sie das Geheimnis Ihres persönlichen Erfolgs!

Warum gelingt es manchen Menschen scheinbar kinderleicht, ihre Ziele zu erreichen, während andere sich ihr Leben lang vergeblich darum bemühen?

Woran liegt es, dass manche Führungskräfte ihre Mitarbeitenden begeistern, wogegen andere es nicht schaffen zu motivieren? Was macht aus einem Vertriebsmitarbeitenden einen Top-Verkäufer, während sein Kollege die Umsatzziele weit verfehlt?

Sabine Oberhardt zeigt in diesem Buch Techniken und Lösungsmethoden auf, die diese Widersprüche erklären und bearbeiten.

Leseprobe: *Amazon Bestellung:*

www.sabineoberhardt.com/buecher#menschencode

Mind Change Code®
– Wie erfolgreiche UND glückliche Menschen denken UND handeln

Nutzen Sie den Mind Change Code® um das zu erreichen, was Sie wirklich wollen.

Befreien Sie sich aus alten Denkkategorien, denn Glück und Erfolg schließen sich nicht aus.

In diesem Buch erhalten Sie das Upgrade im Mindset, um privaten und unternehmerischen Erfolg zu erzielen.

Sabine Oberhardt deckt anhand realer Geschichten auf, was erfolgreiche UND glückliche Menschen als Privatpersonen oder Unternehmer von anderen unterscheidet.

Leseprobe: *Amazon Bestellung:*

www.sabineoberhardt.com/buecher#mindchangecode

Kostenlose Testverfahren

 Nutzen Sie unsere kostenlosen Profiling Analysen. Entdecken Sie Ihre Potenziale und gestalten Sie Ihren Erfolg! Unsere kostenlosen Profiling Tools geben Ihnen einen Einblick in Ihre Persönlichkeit.

www.unternehmens-profiling.de/online-profiling-trainings/kostenlose-profiling-analysen/

Sabine Oberhardt

Die Gedanken(r)evolutionärin für Chef-Etage und Führungserfolg, Sabine Oberhardt, ist Expertin für Profilanalytik, Mind Change Profilerin®, Unternehmerin, Autorin, Coach und Keynote Speakerin sowie Entwicklerin der Konzepte Mind Change Leader® und Mind Change Profiling®.

Ihre beeindruckende Referenzliste ist Beleg dafür, dass sie mit herausragenden Ergebnissen Führungskräfte dazu befähigt, mit einem zukunftsorientierten und kreativen Mindset erfolgreich zu sein und den Wandel im Unternehmen nachhaltig zu gestalten.

Sabine Oberhardts Vision ist es, Führungspositionen mit Persönlichkeiten zu besetzen, die ihre eigenen psychologischen Grundbedürfnisse erfüllen sowie frei von begrenzenden Überzeugungen und Limitierungen sind. Diese Führungskräfte ermöglichen damit, dass die Potenziale der Mitarbeitenden entfaltet werden können und unterstützen sowohl persönliches als auch Unternehmenswachstum.

Um dies zu erreichen, hat sie das wegweisende Konzept des Mind Change Profiling® entwickelt und unterstützt damit Unternehmer und Führungskräfte, zukunftsorientiert und effektiv zu führen.

Mit dem Mind Change Leader® Konzept gibt Sabine Oberhardt Führungskräften ein entscheidendes Instrument an die Hand, das ein produktives Arbeitsumfeld schafft, die individuelle Leistungsfähigkeit verbessert und das Verantwortungsbewusstseins erhöht.

Über ihre Praxiserfahrungen spricht Sie im Rundfunk und bei Fernsehauftritten und ist eine gefragte Key-Note Speakerin.

Danke an alle Begegnungen!

Mein besonderer Dank gilt allen Unternehmern, Managern und Führungskräften, die mir in den letzten 25 Jahren ihr Vertrauen schenkten, bereit waren umzudenken und ihren Erfolg selbst in die Hand zu nehmen.

Meinen Eltern danke ich dafür, dass Sie mir immer die Freiheit gaben, das zu tun, was ich wirklich liebe. Sehr früh durfte ich Verantwortung übernehmen, was der Grundstein für meinen heutigen Erfolg ist.

Meinem Mann danke ich für seinen unerschütterlichen Glauben an mich, dafür, dass er mir immer zur Seite steht und mir den Raum gibt meine Berufung zu leben. Meinem Sohn danke ich von ganzem Herzen dafür, dass er mir stets ein konstruktiver Berater ist. Danken möchte ich

- meinen Mitarbeitenden und Trainings-Partnern, die sich einbringen, mich unterstützen und engagiert mitwirken
- meinen Wegbegleitern und Mentoren, die immer da waren, wenn ich sie brauchte und mich unterstützten
- ebenso den Menschen, die mich inspiriert haben, als ich den Entschluss fasste, dieses Buch zu schreiben

Besonders verbunden fühle ich mich mit Magdalena Jundt für die jahrelange, loyale und zuverlässige Zusammenarbeit und das hohe Engagement, meine kreativen Ideen umzusetzen. Das gilt ebenso für meine Freundin Marion Plum, die mir stets mit Rat und Tat zur Seite steht und eine treue Wegbegleiterin ist.

Ich danke meiner Lektorin Katrin Weber, die es trotz ihrer Perfektion geschafft hat, mit Humor, Spaß und Leidenschaft jede Korrekturlesung zu einer echten Bereicherung für mich werden zu lassen. Es macht mir unglaubliche Freude, mit ihr zu arbeiten und sie ist mir mittlerweile eine wertvolle Freundin geworden.

Ebenfalls danke ich Mike Weber und Jasser Mahan für ihre umfangreichen Recherchen.

Ich danke all denen Begegnungen, die das Leben zu dem machen, was es ist. Aus jeder nehme ich Erkenntnisse mit und bin dankbar für den Zauber, die diese Inspirationen mit sich bringen.

Sabine Oberhardt

Literatur und Quellen

- Adler, N. J. (1986). International dimensions of organizational behavior. The International Executive, 28(1), 31-32.

- Antonovski, A. (1997). Salutogenese. Zur Entmystifizierung der Gesundheit. dgvt-Verlag.

- Aronson, E., Akert, R. M. & Wilson, T. D. (2010). Sozialpsychologie. Pearson.

- Arvey, R. D., Bouchard, T. J., Segal, N. L. & Abraham, L. M. (1989). Job satisfaction: Environmental and genetic components. Journal of Applied Psychology, 74(2), 187-192.

- Atwater, L., Wang, M., Smither, J. W. & Fleenor, J. W. (2009). Are cultural characteristics associated with the relationship between self and others' ratings of leadership?. Journal of Applied Psychology, 94(4), 876-886.

- Ayman, R. & Korabik, K. (2010). Leadership: Why gender and culture matter. American Psychologist, 65(3), 157-170.

- Baskin, T. W. & Enright, R. D. (2004). Intervention studies on forgiveness: A meta-analysis. Journal of Counseling & Development, 82(1), 79-90.

- Bass, B. M. (1985). Leadership and performance beyond expectations. Collier Macmillan.

- Bass, B. M. (1996). Is there universality in the full range model of leadership? International Journal of Public Administration, 19(6), 731-761.

- Bass, B. M. (1997). Does the transactional–transformational leadership paradigm transcend organizational and national boundaries? American psychologist, 52(2), 130-139.

- Bass, B. M. (1998). Transformational leadership: Industry, military, and educational impact. Lawrence Erlbaum Associates Publishers.

- Bauer, J. (2007). Lob der Schule – 7 Perspektiven für Schüler, Lehrer und Eltern. Hoffmann und Campe.

- Bauer, J. (2008). Das kooperative Gen – Abschied vom Darwinismus. Hoffmann und Campe.

- Bauer, J. (2015). Selbststeuerung – Die Wiederentdeckung des freien Willens. Blessing.

- Berry, J. W. (1997). An ecocultural approach to the study of cross-cultural industrial/organizational psychology. In P. C. Earley & M. Erez (Hrsg.), New perspectives on international industrial/ organizational psychology (S. 130–147). The New Lexington Press/Jossey-Bass Publishers.

- Bert, S. & Jimenez, P. (2005). Mitarbeiterzufriedenheit messen. Personal–Zeitschrift für Human Ressource Management, 8, 64-67.

- Blake, R. R. & Mouton, J. S. (1986). Verhaltenspsychologie im Betrieb: der Schlüssel zur Spitzenleistung: Das neue Grid-Management-Konzept. Econ-Verlag

- Bochner, S. & Hesketh, B. (1994). Power distance, individualism/collectivism, and job-related attitudes in a culturally diverse work group. Journal of cross-cultural psychology, 25(2), 233-257.

- Böckerman, P. & Ilmakunnas, P. (2009). Job disamenities, job satisfaction, quit intentions and actual separations: Putting the pieces together. Industrial Relations: A Journal of Economy and Society, 48(1), 73-96.

- Bohulskyy, Y., Erlinghagen, M. & Scheller, F. (2011). Arbeitszufriedenheit in Deutschland sinkt langfristig. Auch geringe Arbeitszufriedenheit im europäischen Vergleich [Report der Universität Duisburg-Essen].

- Brodbeck, F. C. (2008). Die Suche nach universellen Führungsstandards: Herausforderungen im globalen Dorf. Wirtschaftspsychologie aktuell, 1(2008), 19-22.

- Brödner, P. (2002). Flexibilität, Arbeitsbelastung und nachhaltige Arbeitsgestaltung. In P. Brödner & M. Knuth (Hrsg.), Nachhaltige Arbeitsgestaltung. Trendreports zur Entwicklung und Nutzung von Humanressourcen (S. 489-541). Hampp.

- Burns, J. M. (1978). Leadership. Harper and Row Publishers.

- Bycio, P., Hackett, R. D. & Allen, J. S. (1995). Further assessments of Bass's (1985) conceptualization of transactional and transformational leadership. Journal of Applied Psychology, 80(4), 468-478.

- Carl, D., Gupta, V. & Javidan, M. (2004). Power distance. Culture, leadership, and organizations: The GLOBE study of, 62, 513-563.

- Chhokar, J. S., Brodbeck, F. C. & House, R. J. (2007). Culture and leadership in 25 societies: Integration, conclusions, and future directions. In J. S. Chhokar, F. C. Brodbeck & R. J. House (Hrsg.), Culture and Leadership Across the World. The GLOBE Book of In-Depth Studies of 25 Societies (S. 1023-1084). Psychology Press.

- Deci, E. L. & Ryan, R. M. (1993). Die Selbstbestimmungstheorie der Motivation und ihre Bedeutung für die Pädagogik. Zeitschrift für Pädagogik, 27(2), 223-238.

- Den Hartog, D. N., House, R. J., Hanges, P. J., Ruiz-Quintanilla, S. A. & Dorfman, P. W. (1999). Culture specific and cross-culturally generalizable implicit leadership theories. Are attributes of charismatic/transformational leadership universally endorsed? The Leadership Quarterly, 10(2), 219-256.

- Dickson, M. W., Castaño, N., Magomaeva, A. & Den Hartog, D. N. (2012). Conceptualizing leadership across cultures. Journal of World Business, 47(4), 483-492.

- Dorfman, P. W., Howell, J. P., Hibino, S., Lee, J. K., Tate, U. & Bautista, A. (1997). Leadership in Western and Asian countries: Commonalities and differences in effective leadership processes across cultures. The Leadership Quarterly, 8(3), 233-274.

- Dorfman, P. W., Hanges, P. J. & Brodbeck, F. C. (2004). Leadership and cultural variation: The identification of culturally endorsed leadership profiles. In R. J. House, P. J. Hanges, M. Javidan, P. W. Dorfman & V. Gupta (Hrsg.), Culture, leadership, and organizations: The GLOBE study of 62 Societies (S. 669-719). SAGE Publications.

- Dorfman, P. W. & House, R. J. (2004). Cultural influences on organizational leadership: Literature review, theoretical rationale, and GLOBE project goals. In R. J. House, P. J. Hanges, M. Javidan, P. W. Dorfman & V. Gupta (Hrsg.), Culture, leadership, and organizations: The GLOBE study of 62 Societies (S. 51-73). SAGE Publications.

- Dumdum, U. R., Lowe, K. B. & Avolio, B. J. (2013). A Meta-Analysis of Transformational and Transactional Leadership Correlates of Effectiveness and Satisfaction: An Update and Extension. In U. R. Dumdum, K. B. Lowe & B. J. Avolio (Hrsg.), Transformational and Charismatic Leadership: The Road

Ahead 10th Anniversary Edition (5. Aufl, S. 39-70). Emerald Group Publishing Limited.

- Ekman, P. (1999). Basic emotions. In T. Dalgleish & M. J. Power (Hrsg.), Handbook of cognition and emotion (S. 45-60). John Wiley & Sons.

- Enright, R. D. (2019). Forgiveness is a choice: A step-by-step process for resolving anger and restoring hope. American Psychological Association.

- Enright, R. D. & Fitzgibbons, R. P. (2015). Forgiveness therapy: An empirical guide for resolving anger and restoring hope. American Psychological Association.

- Epstein, S. (1990). Cognitive-experiential self-theory. In L. A. Pervin (Hrsg.), Handbook of personality: Theory and research (S. 165-192). Guilford.

- Ergeneli, A., Gohar, R. & Temirbekova, Z. (2007). Transformational leadership: Its relationship to culture value dimensions. International Journal of Intercultural Relations, 31(6), 703-724.

- Faust, J. (2016). Autonomie. In D. Frey (Hrsg.), Psychologie der Werte. Von Achtsamkeit bis Zivilcourage - Basiswissen aus Psychologie und Philosophie (S. 25-36). Springer.

- Fiedler, F. E. (1981). Leadership Effectiveness. American Behavioral Scientist, 24(5), 619-632.

- Fischer, J. A. & Sousa-Poza, A. (2009). Does job satisfaction improve the health of workers? New evidence using panel data and objective measures of health. Health economics, 18(1), 71-89.

- Fuchsman, K. (2023). Harvard Grant Study of Adult Development: 1938–2022. Journal of Psychohistory, 51(1), 27-44.

- Gelfand, M. J., Bhawuk, D. P., Nishii, L. H. & Bechtold, D. J. (2004). Individualism and collectivism. In R. J. House, P. J. Hanges, M. Javidan, P. W. Dorfman & V. Gupta (Hrsg.), Culture, leadership, and organizations: The GLOBE study of 62 Societies (S. 437-512). SAGE Publications.

- Gerstner, C. R. & Day, D. V. (1994). Cross-cultural comparison of leadership prototypes. The Leadership Quarterly, 5(2), 121-134.

- Glaser, C. (2019). Risiko im Management: 100 Fehler, Irrtümer, Verzerrungen und wie man sie vermeidet. Springer.

- Graen, G. B. & Uhl-Bien, M. (1995). Relationship-based approach to leadership: Development of leader-member exchange (LMX) theory of leadership over 25 years: Applying a multi-level multi-domain perspective. The leadership quarterly, 6(2), 219-247.

- Greenberg, J. & Baron, R. A. (2008). Behavior in Organizations (9. Aufl.). Pearson Education.
- Grawe, K. (2004). Neuropsychotherapie. Hogrefe.
- Grawe, K. (1997). „Moderne Verhaltenstherapie" oder allgemeine Psychotherapie. Verhaltenstherapie und Verhaltensmedizin, 18, 137-159.
- Grawe, K. (1998). Psychologische Therapie. Hogrefe.
- Grawe, K. (1999a). Allgemeine Psychotherapie: Leitbild für eine empiriegeleitete psychologische Therapie. In R. F. Wagner & P. Becker (Hrsg.), Allgemeine Psychotherapie. Neue Ansätze zu einer Integration psychotherapeutischer Schulen (S. 117-168). Hogrefe.
- Grawe, K. (1999b). Wie kann Psychotherapie noch wirksamer werden? Verhaltenstherapie und Psychosoziale Praxis, 31, 185-200.
- Grawe, K. (2000). Die Rolle der Inkongruenz in der konsistenztheoretischen Fallkonzpetion und Therapieplanung [Unveröffentlichtes Manuskript].
- Grawe, K. & Grawe-Gerber, M. (1999). Ressourcenaktivierung - ein primäres Wirkprinzip der Psychotherapie. Psychotherapeut, 44, 63-73.
- Gutierrez, B., Spencer, S. M. & Zhu, G. (2012). Thinking globally, leading locally: Chinese, Indian, and Western leadership. Cross Cultural Management: An International Journal, 19(1), 67-89.
- Hardy, G. E., Woods, D. & Wall, T. D. (2003). The impact of psychological distress on absence from work. Journal of Applied Psychology, 88(2), 306-314.
- Hersey, P. & Blanchard, K. H. (1988). Management of organizational resources: Utilising human resources. Prentice-Hall.
- Herzberg, F., Mausner, B. & Snyderman, B. B. (2011). The Motivation to Work. Transaction Publishers.
- Hockling, S. (2015, 15. August). Positives Denken - „Wir sind auf Fehler fokussiert". [Interview]. ZEIT online.
- Hofstede, G. (1980). Motivation, leadership, and organization: Do American theories apply abroad? Organizational dynamics, 9(1), 42-63.

- Hofstede, G. (1993). Cultural constraints in management theories. The Academy of Management Executive, 7(1), 81-94.

- Hofstede, G. & Hofstede, G. J. (2005). Culture and Organizations. Software of the Mind. Intercultural Cooperation and its Importance for Survival (2. Aufl.). McGraw Hill.

- Hofstede, G. & Hofstede, G. J. (2007). Lokales Denken, globales Handeln: Interkulturelle Zusammenarbeit und globales Management. In C. Boersch & R. Elschen (Hrsg.), Das Summa Summarum des Management. Die 25 wichtigsten Werke für Strategie, Führung und Veränderung (3. Aufl., o. S.). Gabler.

- House, R. J. & Javidan, M. (2004). Overview of GLOBE. In R. J. House, P. J. Hanges, M. Javidan, P. W. Dorfman & V. Gupta (Hrsg.), Culture, leadership, and organizations: The GLOBE study of 62 Societies (S. 9-28). SAGE Publications.

- Howell, J. P., DelaCerda, J., Martínez, S. M., Prieto, L., Bautista, J. A., Ortiz, J., Dorfman, P., & Méndez, M. J. (2007). Leadership and culture in Mexico. Journal of World Business, 42(4), 449–462.

- Hülsbeck, M. & Benkhofer, S. (2016). Angst, Führung und Achtsamkeit. Konfliktdynamik, 5(3), 212-221.

- Ilies, R. & Judge, T. A. (2003). On the heritability of job satisfaction: The mediating role of personality. Journal of Applied Psychology, 88(4), 750-759.

- Javidan, M., House, R. J., Dorfman, P. W., Gupta, V., Hanges, P. J. & De Luque, M. S. (2004). Conclusions and Future Directions. In R. J. House, P. J. Hanges, M. Javidan, P. W. Dorfman & V. Gupta (Hrsg.), Culture, leadership, and organizations: The GLOBE study of 62 Societies (S. 723-732). SAGE Publications.

- Javidan, M. & House, R. J. (2001). Cultural acumen for the global manager: Lessons from Project GLOBE, Organizational Dynamics, 29(4), 289-305.

- Javidan, M., House, R. J. & Dorfman, P. W. (2004). A nontechnical summary of GLOBE findings. In R. J. House, P. J. Hanges, M. Javidan, P. W. Dorfman & V. Gupta (Hrsg.), Culture, leadership, and organizations: The GLOBE study of 62 Societies (S. 29-48). SAGE Publications.

- Jogulu, U. D. (2010). Culturally-linked leadership styles. Leadership & Organization Development Journal, 31(8), 705-719.

- Judge, T. A. & Hulin, C. L. (1993). Job satisfaction as a reflection of disposition: A multiple source causal analysis. Organizational Behavior and Human Decision Processes, 56(3), 388-421.

- Judge, T. A., Thoresen, C. J., Bono, J. E. & Patton, G. K. (2001). The job satisfaction–job performance relationship: A qualitative and quantitative review. Psychological bulletin, 127(3), 376-407.

- Judge, T. A., Heller, D. & Mount, M. K. (2002). Five-factor model of personality and job satisfaction: A meta-analysis. Journal of Applied Psychology, 87(3), 530-541.

- Judge, T. A., Parker, S. K., Colbert, A. E., Heller, D. & Ilies, R. (2002). Job satisfaction: A cross-cultural review. In N. Anderson, D. S. Ones, H. K. Sinangil & C. Viswesvaran (Hrsg), Handbook of industrial, work and organizational psychology, Vol. 2. Organizational psychology (S. 25–52). SAGE Publications.

- Judge, T. A. & Piccolo, R. F. (2004). Transformational and transactional leadership: a meta-analytic test of their relative validity. Journal of Applied Psychology, 89(5), 755-768.

- Jung, D. I., Bass, B. M. & Sosik, J. J. (1995). Bridging leadership and culture: A theoretical consideration of transformational leadership and collectivistic cultures. Journal of leadership & organizational studies, 2(4), 3-18.

- Kahill, S. (1988). Symptoms of professional burnout: A review of the empirical evidence. Canadian Psychology, 29(3), 284-297.

- Kalu, K. A. (2010). National culture and leadership: Followers' preference of transformational or transactional leadership in a power distance culture [Dissertation, Capella University].

- Kirkpatick, S. A. & Locke, E. A. (1991). Leadership: do traits matter? The executive, 5(2), 48-60.

- Kouzes, J. & Posner, B. (2012). The leadership challenge: How to make extraordinary things happen in organizations (5. Aufl.). Jossey Bass Wiley.

- Kuchinke, K. P. (1999). Leadership and culture: work-related values and leadership styles among one company's US and German telecommunication employees. Human Resource Development Quarterly, 10(2), 135-154.

- Lambert, E. G., Hogan, N. L., Jiang, S., Elechi, O. O., Benjamin, B., Morris, A., Laux, J. M. & Dupuy, P. (2010). The relationship among distributive and procedural justice and correctional life satisfaction, burnout, and turnover intent: An exploratory study. Journal of Criminal Justice, 38(1), 7-16.

- Locke, E. A. (1976). The nature and causes of job satisfaction. Handbook of industrial and organizational psychology, 1, 1297-1343.

- Loehlin, J. C., McCrae, R. R., Costa, P. T. & John, O. P. (1998). Heritabilities of common and measure-specific components of the Big Five personality factors. Journal of Research in Personality, 32(4), 431-453.

- Lord, R. G., De Vader, C. L. & Alliger, G. M. (1986). A meta-analysis of the relation between personality traits and leadership perceptions: An application of validity generalization procedures. Journal of Applied Psychology, 71(3), 402-410.

- Lüddecke, C., Sachse, U. & Faure, H. (2010). Sucht-Bindung-Trauma. Psychotherapie von Sucht und Traumafolgen im neurobiologischen Kontext. Schattauer.

- Maister, D. H., Galford, R. & Green, C. (2021). The trusted advisor. Free Press.

- Mancheno-Smoak, L., Endres, G. M., Potak, R. & Athanasaw, Y. (2009). The individual cultural values and job satisfaction of the transformational leader. Organization Development Journal, 27(3), 9-21.

- Mann, R. D. (1959). A review of the relationships between personality and performance in small groups. Psychological Bulletin, 56(4), 241-270.

- Mardanov, I. T., Heischmidt, K. & Henson, A. (2008). Leader-member exchange and job satisfaction bond and predicted employee turnover. Journal of Leadership & Organizational Studies, 15(2), 159-175.

- Muczyk, J. P. & Reimann, B. C. (1987). The case for directive leadership. The Academy of Management Executive, 1(4), 301-311.

- Nerdinger, F. W. (2011). Arbeitsmotivation und Arbeitszufriedenheit. In F. W. Nerdinger, G. Blickle & N. Schaper (Hrsg.), Arbeits- und Organisationspsychologie (S. 393-408). Springer.

- Neubarth, A. (2011). Die Tatkraft der vier Basisemotionen. In A. Neubarth (Hrsg.), Führungskompetenz aufbauen: Wie Sie Ressourcen klug nutzen und Ziele stimmig erreichen (S. 13-30). Gabler.

- Neuberger, O. (2002). Führen und führen lassen: Ansätze, Ergebnisse und Kritik der Führungsforschung (6. Aufl.). Lucius & Lucius.

- Nielsen, K., Randall, R., Yarker, J. & Brenner, S. O. (2008). The effects of transformational leadership on followers' perceived work characteristics and psychological well-being: A longitudinal study. Work & Stress, 22(1), 16-32.
- Nottebrock, I. (2007). Zentrale Werte in der indischen Arbeitswelt. Arbeitszufriedenheit und emotionale Bindung. Personalführung, 7, 44-49.
- Oerter, R. & Montada, L. (2002). Entwicklungspsychologie (5. Auflage). Beltz.
- Panse, W. & Stegmann, W. (1998). Kostenfaktor Angst. Verlag Moderne Industrie.
- Pillai, R., Scandura, T. A. & Williams, E. A. (1999). Leadership and organizational justice: Similarities and differences across cultures. Journal of International Business Studies, 30, 763-779.
- Reivich, K. & Shatté, A. (2002). The resilience factor: 7 essential skills for overcoming life's inevitable obstacles. Broadway Books.
- Rohlfs, C. (2011). Autonomie, Kompetenz und soziale Eingebundenheit. Die Selbstbestimmungstheorie der Motivation von Deci und Ryan. In C. Rohlfs (Hrsg.), Bildungseinstellungen. Schule und formale Bildung aus der Perspektive von Schülerinnen und Schülern (S. 93-102). VS Verlag.
- Roth, G. & Strüber, N. (2014). Wie das Gehirn die Seele macht. Klett-Cotta.
- Salancik, G. R. & Pfeffer, J. (1978). A social information processing approach to job attitudes and task design. Administrative science quarterly, 23(2), 224-253.
- Scandura, T. & Dorfman, P. (2004). Leadership research in an international and cross-cultural context. The Leadership Quarterly, 15(2), 277-307.
- Schermerhorn, J. R. & Harris Bond, M. (1997). Cross-cultural leadership dynamics in collectivism and high power distance settings. Leadership & Organization Development Journal, 18(4), 187-193.
- Schiefer, G. & Nitsche, H. (2019). Führungskräfte im Fokus agiler Personalführung. Chancen und Barrieren. In G. Schiefer & H. Nitsche (Hrsg.), Die Rolle der Führungskraft in agilen Organisationen: Wie Führungskräfte und Unternehmen jetzt umdenken sollten (S. 13-21). Springer.
- Schmidt-Denter, U. (2005). Soziale Beziehungen im Lebenslauf. Lehrbuch der sozialen Entwicklung (4. Auflage). Beltz.
- Siegel, D. (2007). Das achtsame Gehirn. Arbor.
- Siegel, D. (2012). Mindsight. Die neue Wissenschaft der persönlichen Trans-

formation. Goldmann.

- Siegel, D. (2012). Der achtsame Therapeut. Ein Leitfaden für die Praxis. Kösel.

- Smith, P. C., Kendall, L. M. & Hulin, C. (1969). The measurement of satisfaction in work and behavior. Raud McNally.

- Steyrer, J. & Meyer, M. (2010). Schwerpunkt Leadership. Welcher Führungsstil führt zum Erfolg? 60 Jahre Führungsstilforschung – Einsichten und Aussichten. Zeitschrift Führung+Organisation (ZfO), 79(3), 148-155.

- Swierczek, F. W. (1991). Leadership and culture: Comparing Asian managers. Leadership & Organization Development Journal, 12(7), 3-10.

- Van der Kolk, B. (2000). Traumatic Stress: Grundlagen und Behandlungsansätze. Theorie, Praxis, Forschung zu posttraumatischem Stress und Traumatherapie. Junfermann.

- Van de Vijver, F. & Tanzer, N. K. (2004). Bias and equivalence in cross-cultural assessment: An overview. Revue European Review of Applied Psychology, 54(2), 119-135.

- Von Rosenstiel, L. (2006). Leadership und Change. In H. Bruch, S. Krummaker & B. Vogel (Hrsg.), Leadership – Best Practices und Trends (S. 145-156). Gabler.

- Walumbwa, F. O. & Lawler, J. J. (2003). Building effective organizations: transformational leadership, collectivist orientation, work-related attitudes and withdrawal behaviours in three emerging economies. International journal of human resource management, 14(7), 1083-1101.

- Walumbwa, F. O., Lawler, J. J., Avolio, B. J., Wang, P. & Shi, K. (2005). Transformational leadership and work-related attitudes: The moderating effects of collective and self-efficacy across cultures. Journal of Leadership & Organizational Studies, 11(3), 2-16.

- Walumbwa, F. O., Orwa, B., Wang, P. & Lawler, J. J. (2005). Transformational leadership, organizational commitment, and job satisfaction: A comparative study of Kenyan and US financial firms. Human resource development quarterly, 16(2), 235-256.

- Walumbwa, F. O., Lawler, J. J. & Avolio, B. J. (2007). Leadership, individual differences, and work-related attitudes: a cross-culture investigation. Applied Psychology, 56(2), 212-230.

- Werner, E. (2008). Wenn Menschen trotz widriger Umstände gedeihen – und was man daraus lernen kann. In R. Welter-Enderlin & B. Hildenbrandt (Hrsg.), Resilienz. Gedeihen trotz widriger Umstände (o. S.). Carl-Auer.
- Westover, J. H. & Taylor, J. (2010). International differences in job satisfaction: The effects of public service motivation, rewards and work relations. International Journal of Productivity and Performance Management, 59(8), 811-828.
- Wright, T. A. & Bonett, D. G. (2007). Job satisfaction and psychological well-being as nonadditive predictors of workplace turnover. Journal of management, 33(2), 141-160.
- Ybema, J. F., Smulders, P. G. & Bongers, P. M. (2010). Antecedents and consequences of employee absenteeism: A longitudinal perspective on the role of job satisfaction and burnout. European Journal of Work and Organizational Psychology, 19(1), 102-124.
- Yukl, G. & Mahsud, R. (2010). Why flexible and adaptive leadership is essential. Consulting Psychology Journal: Practice and Research, 62(2), 81-93.

Printed in Poland
by Amazon Fulfillment
Poland Sp. z o.o., Wrocław
14 September 2024